EL
EL SECRETO DE DIOS PARA LA GRANDEZA

El secreto de Dios para la grandeza retrata el verdadero corazón de nuestro Señor Jesucristo y su deseo para todos sus seguidores. El secreto profundamente conmovedor del poder de la toalla constituye un mensaje esencial para la iglesia de Laodicea de hoy.

BILL BRIGHT
FUNDADOR, CRUZADA ESTUDIANTIL PARA CRISTO
ORLANDO, FL,

Tommy Tenney posee el singular don otorgado por Dios de plasmar en palabras lo que muchos sienten en el cuerpo de Cristo. *El secreto de Dios para la grandeza* es una verdadera obra de arte.

JOHN A. KILPATRICK
PASTOR PRINCIPAL DE LA IGLESIA DE LAS ASAMBLEAS DE DIOS
EN PENSACOLA, FL.

El secreto de Dios para la grandeza nos llama a abandonar la búsqueda del superficial éxito mundano a favor del estilo de vida liberador del éxito alcanzado por medio del servicio.

FRANK REID III
PASTOR PRINCIPAL, IGLESIA BETHEL A.M.E.
BALTIMORE, MARYLAND

ADVERTENCIA: ¡Atrévanse a leer estas páginas únicamente los que estén dispuestos a recibir una visión para un cambio radical!

STEVE SJOGREN
PASTOR DE LANZAMIENTOS, VINEYARD COMMUNITY CHURCH
CINCINNATI, OH

Percepciones sorprendentes sobre el amor, la fidelidad y la humildad que hay en el corazón de un siervo... Es este un extraordinario recorrido por las sendas del servicio cristiano que lo ayudará a descubrir una nueva profundidad y gozo en su andar con Dios... y en su habilidad de impactar el mundo.

C. PETER WAGNER
CANCILLER DEL INSTITUTO DE LIDERAZGO WAGNER
COLORADO SPRINGS, CO

DEL AUTOR DE "EN LA BÚSQUEDA DE DIOS"

EL SECRETO DE
DIOS
PARA LA GRANDEZA

EL PODER DE LA TOALLA

DAVID CAPE
Y
TOMMY TENNEY

Editorial UNILIT

Publicado por
Editorial Unilit
Miami, Fl. 33172
Derechos reservados

© 2001 Editorial Unilit (Spanish translation)
Primera edición 2001

© 2000 por David Cape y Tommy Tenney
Originalmente publicado en inglés con el título:
God's Secret to Greatness por:
Regal Books, una división de
Gospel Light Publications,
Ventura, California, 93003, USA.

Todos los derechos de publicación con excepción del idioma inglés son contratados exclusivamente por:
GLINT, P O Box 4060,
Ontario, California 91761-1003, USA.

Ninguna parte de esta publicación podrá ser reproducida, procesada en algún sistema que la pueda reproducir, o transmitida en alguna forma o por algún medio electrónico, mecánico, fotocopia, cinta magnetofónica u otro excepto para breves citas en reseñas, sin el permiso previo de los editores.

Traducido del inglés por: Fernando Lamigueiro Ramírez

Citas bíblicas tomadas de la Santa Biblia, revisión 1960
© Sociedades Bíblicas Unidas.
Usada con permiso.

Producto 495158
ISBN 0-7899-0891-3

Impreso en Colombia
Printed in Colombia

DEDICATORIA

Diariamente "lavan nuestros pies" y "persiguen a Dios". Jamás buscan la fama y no se las ve a menudo sentadas "al frente".

No obstante son dos de las más grandes siervas que conozco. Sin ellas nuestros llamamientos no serían una realidad. Sus nombres son Jeanie y Carol, nuestras amadas esposas, a quienes dedicamos este libro

CONTENIDO

Dedicatoria 5

Prefacio 9

Reconocimiento 11

Capítulo uno 13
    Uso del arma adecuada en la esfera equivocada

Capítulo dos 19
    Su presencia debe producir transformación

Capítulo tres 35
    El espíritu de servicio se contagia, no se enseña

Capítulo cuatro 53
    Servir con dignidad y deleite

Capítulo cinco 71
    El servicio es una actitud del corazón, no una aptitud

Capítulo seis 87
    Entendamos el poder del servicio
    y la importancia de lustrar zapatos

Capítulo siete 99
    Ver lo que Jesús ve

Capítulo ocho 119
    Escuchar con los ojos y ver con los oídos

Capítulo nueve 133
    Cómo tornar la desilusión en una cita con Dios

Capítulo diez 155
    Servir con la preparación de la previsión

Capítulo once 169
    Cómo taponar los salideros y servir toda la vida

PREFACIO

El Creador implantó un sentido innato de servicio en cada célula del cuerpo humano. Aunque todas las células comparten un ADN común, cada una sirve un propósito específico para el bien de todo el cuerpo. Algunas células se agrupan y combinan sus talentos en un órgano (como el hígado, el ojo, el corazón o el cerebro) a fin de servir al cuerpo mediante una función especializada. En mayor escala, cada órgano del cuerpo depende del "servicio desinteresado" de los demás órganos y células. Sin ese servicio cesaría la vida. Tal vez no lo comprendamos como debiéramos, pero el cuerpo de Cristo funciona con la misma interdependencia.

Cuando determinamos que el Señor quería que colaboráramos en escribir este libro sobre el servicio, cada uno de nosotros acometió la tarea con sus habilidades particulares y con una profunda apreciación de las que veía en el otro. Teníamos que *servirnos mutuamente* a fin de poder servirlo a usted por medio de este libro. En cada capítulo verá dos estilos muy diferentes de escribir y dos metodologías muy distintas de ministrar. Ello es algo beneficioso, porque constituye un pequeño cuadro de la manera en que Dios escogió trabajar mediante su cuerpo, el cual se "compone de muchos miembros".

Los dos predicamos la Palabra de Dios, pero lo hacemos de forma muy diferente. Ambos pastoreamos iglesias durante varios años, pero bajo circunstancias muy diferentes. Cada uno de nosotros mantiene un apretado calendario de ministerio itinerante, aunque primordialmente en lados opuestos del globo. Dios tuvo que intervenir para que colaboráramos. Se necesitó del poder del servicio para que se combinaran nuestro corazón y mensaje en un libro con un solo propósito: ayudarlo a usted a cumplir su destino y a que descubra *el secreto para alcanzar la grandeza* mediante el poder del servicio.

Si pudiéramos pedirle que hiciera algo, sería lo siguiente: Cuando termine de leer este libro, no lo retire a determinado sitio en algún estante polvoriento. Permita que el Espíritu Santo revolucione su vida con el poder del servicio y ponga en acción las cosas que hemos compartido de la Palabra de Dios. Y luego páseles este libro a otros, para que podamos servirlos también.

Recuerde que hay poder en el servicio. Parte del secreto radica en saber cuándo esgrimir la espada del Espíritu y cuándo extender la toalla del servicio. Esta es la manera de la cruz, el secreto de la tumba vacía y la gloria de coronación del Rey que reina. Sea usted bendecido según sirve, en el nombre de Jesús.

Los autores

RECONOCIMIENTO

Queremos agradecer a nuestro amigo y redactor Larry Walker, el cual se sentó con su lienzo y creó un tapiz periodístico acoplado, según combinó nuestros dos llamamientos singulares para formar algo que glorifica y refleja a nuestro creador, Dios. El entusiasmo incansable y la excelencia de Larry sobrepasan el llamado del deber.

CAPÍTULO UNO

USO DEL ARMA ADECUADA EN LA ESFERA EQUIVOCADA

HABLA TOMMY

Cuando Jesús dijo: "Los violentos lo arrebatan", se refería a la batalla espiritual en pro del reino de Dios... ¡no a la casa de su vecino o la posición de solista en el coro de la iglesia! Es posible tener el arma apropiada y estar en el campo de batalla equivocado. Así como a menudo era un gesto de cortesía común en partes del Oeste Salvaje el que los hombres entregaran su pistola a la entrada de una iglesia o de una reunión pública, debemos aprender a poner a un lado nuestra "espada" y tomar la toalla del servicio en presencia tanto de creyentes como de no creyentes. Podemos tener *el arma apropiada*, pero podemos usarla en *la esfera equivocada* y, debido a ello, ¡perder la guerra!

Las Escrituras dicen que "las armas de nuestra milicia no son carnales, sino poderosas en Dios para la destrucción de fortalezas"[1] Es correcto y apropiado que usemos armas poderosas para echar abajo una fortaleza demoniaca. Sin embargo, las armas fuertes que se empleen en un ambiente impropio ocasionarán, como el proverbial "toro en el armario de lozas de porcelana", grandes estragos.

El arma preferida en la esfera celestial es obviamente "la espada del Espíritu".[2] Sin embargo, el arma predilecta en la esfera terrenal es una toalla. Ambas armas son eficaces...pero sólo cuando se usan en la esfera apropiada.

Los creyentes echan mano a menudo de la espada del Señor, toman una posición defensiva (o quizás incluso una posición ofensiva) y la blanden con enojo, miedo o juicio, y, al hacerlo, desmembrar el cuerpo de Cristo. Me pregunto si recordamos lo que les dijo Jesús a sus discípulos —a veces divisionistas— durante la Última Cena:¡"En [remembranza] de mí"![3] Esgrimir la espada en la tierra muchas veces desmembra y divide. ¡Usar la toalla en la tierra a menudo *"remembra"*! El servicio reintegra lo que se ha separado mediante la fuerza.

Las palabras del ladrón en la cruz[4] me recuerdan que a veces usamos la espada contra "los pecadores humildes" del mundo como si ejecutáramos prematuramente juicio contra ellos. Él le pidió a Jesús que *lo remembrara*. Ese ladrón no le estaba pidiendo a Jesús que meramente *pensara* en él cuando llegara al cielo;

Uso del arma adecuada en la esfera equivocada 15

él *quería estar con Jesús*. Si yo pudiera parafrasear su petición, me parece que el ladrón estaba diciendo: *"Reintégrame; ponme donde pertenezco; hazme un miembro."* La terminología bíblica para este proceso de remembramiento es ser "injertados".[5] Si Él es la vid y nosotros los pámpanos,[6] entonces debemos estar estrechamente unidos.

Nuestro mal uso de la "espada de dos filos" de Dios es similar a la manera en que Pedro hirió con su espada al sirviente del sumo sacerdote cuando Jesús fue arrestado en el huerto de Getsemaní.[7] Yo sospecho que Pedro no intentaba con su golpe sólo cortarle la oreja a Malco. ¡Qué bueno que el sirviente del sumo sacerdote se agachó con rapidez! Si se hubiera agachado una fracción de segundo más tarde, el Señor podría haber obrado un milagro aún mayor al tener que ponerle de nuevo la cabeza al hombre en vez de meramente restaurarle la oreja derecha.[8]

DIOS CONSTANTEMENTE REPARA
EL DAÑO QUE HACEMOS

Cuando blandimos indiscriminadamente las espadas en la esfera terrenal, Dios constantemente debe reparar el daño que hacemos. Por el contrario, es tontería usar la toalla del servicio contra un poder de las tinieblas o un principado en las regiones celestes. En ese lugar de batalla espiritual, sólo la espada de la Palabra de Dios y su nombre serán eficaces. Mientras rugía la batalla en el desierto, Jesús le decía a Satanás: *"Escrito está."*[9] Los que intenten usar la toalla en las regiones celestes puede que se hallen bajo sujeción de Satanás. Él se aprovechará rápidamente de la ignorancia de los guerreros inexpertos, porque el diablo no le teme a una toalla.

Las armas son instrumentos de influencia que a menudo representan la autoridad de un poder mucho mayor. Bien se trate de un soldado romano que esgrime una espada o un agente de la ley del siglo veintiuno que apunta con un arma, el simple despliegue de fuerza potencialmente mortal resulta a menudo suficiente para resolver situaciones con delincuentes y rebeldes.

Satanás a menudo se aparta "a crédito" cuando un creyente sencillamente menciona el nombre de Jesús. ¿Por qué? Porque Jesús nos dio su nombre como un arma de poder en las regiones celestes. En el arsenal de un creyente experimentado, al utilizar el nombre de Jesús, puede solicitar sin demora la ayuda de miríadas de ángeles del cielo o hacer que se manifieste en escena la gloria

(*Shekinah*) de Dios. Por ese motivo cunde el pánico entre las filas de los poderes y principados de las tinieblas.

Es muy importante que aprendamos esta lección fundamental: *No usemos espadas en la tierra*; ellas cortan y dividen el cuerpo de Cristo. Las espadas sólo deberán ser usadas contra Satanás y su séquito.

Mi comprensión del servicio se basa en años de experiencia, pero no empieza a compararse con la "práctica" que Dave Cape, mi coautor, ha experimentado bajo la mano guiadora de Dios. Cuando conocí a Dave, me impresionó profundamente su efervescente alegría. Siempre parecía estar contento; pero parecía estarlo más al compartir las anécdotas de cómo descubrió la dignidad y el deleite del servicio. Su proceder nos enseña que su capacidad de expresar humildad y de traer unidad no es mayor que su corazón de siervo.

EVANGELIZACIÓN CON UNA CRUZ Y UN LEBRILLO PARA LAVAR PIES

La asombrosa historia de Dave Cape se entreteje a lo largo de este libro. Dios echó mano de Dave en 1988 y lo llamó a renunciar a un pastorado exitoso en Johannesburg, África del Sur. En octubre de ese año, empezó él un extraordinario recorrido de evangelización servicial con una cruz y un lebrillo de lavar pies que lo habría de llevar a innumerables naciones del mundo. El viaje empezó en Soweto, una ciudad de tres millones de surafricanos negros, durante el apogeo de los "problemas" y de la violencia, antes de la caída del apartheid en África del Sur. Era esta la época de los temidos "asesinatos de collar", cuando las encolerizadas muchedumbres ponían un neumático lleno de gasolina alrededor del cuello de sus víctimas y le prendían fuego.

El secreto de la verdadera autoridad en la tierra es una toalla, no una espada.

Pocos minutos después de la llegada de Dave a Soweto, miembros de una pandilla lo rodearon en la calle y le exigieron que explicara qué hacía allí. El espíritu manso de Dave y su corazón de siervo lograron calmar el odio de ellos, y pudo guiar al Señor Jesús a cada uno de esos hombres. Uno de ellos se convirtió en su primer compañero en el recorrido para descubrir el poder secreto del servicio.

Me siento entusiasmado y bendecido de tener de socio en este proyecto a este hombre de Dios. Nuestra meta es explicar varios principios esenciales sobre las armas de nuestra guerra que han sido pobremente entendidos.

La toalla es el arma predilecta de Dios en la tierra. Aunque pocos lo imaginan, esta arma es una verdadera fuente de influencia divina aquí. Nuestro propio Maestro tomó una toalla y se convirtió en el más grande líder que la tierra haya conocido jamás. La toalla es una herramienta de uso flexible para los siervos, pero el Señor se negó a limitar la toalla a los que meramente ocupan el oficio laboral de sirvientes. Él les dijo a sus discípulos y futuros apóstoles de la iglesia: "El que es el mayor de vosotros, sea vuestro siervo."[10] La humildad y el espíritu de siervo vencerán en la tierra a más fuerzas que nos sean contrarias que la arrogancia y la falsa autoridad.

EL PODER SECRETO DE LA TOALLA

El secreto de la verdadera autoridad en la tierra —a pesar de ser tan mal entendido como lo es— es una toalla y no una espada. Debe llegar a ser nuestra arma primordial predilecta contra los enemigos terrenales según reservamos la espada para usarla contra los principados y poderes terrenales que operan a través de las personas.

Jesús nunca atacó a los individuos; Él trató directamente con el poder detrás de ellos. Cuando Jesús le dijo a Pedro: "¡Quítate de delante de mí, Satanás!; me eres tropiezo, porque no pones la mira en las cosas de Dios, sino en las de los hombres",[11] Él miró más allá de Pedro y se dirigió a la verdadera fuente motivadora. Jesús esgrimió la espada de Dios rápidamente contra la mentira de Satanás, pero no le hizo daño a Pedro.

Las acciones del Señor en el incidente con Pedro ilustran el versículo en el libro de Hebreos que dice: "Porque la palabra de Dios es viva y eficaz, y más cortante que toda espada de dos filos; y penetra hasta partir el alma y el espíritu, las coyunturas y los tuétanos, y discierne los pensamientos y las intenciones del corazón."[12]

Jesús nunca reprendía al pecador, pero era rápido y cortante cuando se trataba del espíritu de hipocresía que opera a través de personas religiosas. Él estaba presto a reprender las acciones de los religiosos farisaicos, mientras que nosotros somos raudos a reprender a los pecadores. Es ese un ejemplo del uso de la espada de la Palabra de Dios en la esfera equivocada. Jesús se hizo siervo de los pecadores en tanto que mantenía su rango de Señor y Rey sobre los espíritus inmundos que operan a través de huestes humanas. Es importante que hagamos esa distinción.

Las personas no son nuestras enemigas; Dios nos envió a servir a las personas así como nuestro Señor nos sirvió a nosotros. Es hora de que envainemos nuestra espada y tomemos una toalla. La toalla es el símbolo de nuestro Salvador en la tierra, Él "se despojó a sí mismo, tomando forma de siervo, hecho semejante a los hombres".[13] El Hijo de Dios se ciñó una toalla, les lavó los pies a sus discípulos y se convirtió en siervo de todos. Ese es nuestro modelo y la fuente de verdadera grandeza.

Si nuestro Señor echó mano de la toalla, quizá sea hora de que hagamos lo mismo. Si queremos ver que la voluntad de Dios se haga en esta esfera como se hace en las regiones celestes, entonces debemos despojarnos de nuestra pretensión religiosa y humillarnos. Debemos hacernos siervos a fin de suplir las necesidades de los que nos rodean. Al combinar el uso apropiado de la toalla de siervo en la esfera terrenal con el de la espada en la esfera celestial, ¡veremos al infierno sufrir grandes derrotas, desmembraremos el reino de tinieblas de Satanás y arruinaremos las puertas mismas del infierno en tanto que remembramos el cuerpo de Cristo.

Notas
1. 2 Corintios 10:4.
2. Efesios 6:17.
3. 1 Corintios 11:24,25.
4. Lucas 23:42 (cursivas del autor).
5. Romanos 11:17-24.
6. Véase Juan 15:5.
7. Hebreos 4:12 (la espada "de dos filos"), véase Juan 18:10 (donde se identifica a Simón Pedro como el que usó la espada en el huerto).
8. Véase Juan 18:10; Lucas 22:50,51.
9. Mateo 4:4 (cursivas del autor).
10. Mateo 23:11.
11. Mateo 16:23.
12. Hebreos 4:12.
13. Filipenses 2:7.

CAPÍTULO DOS

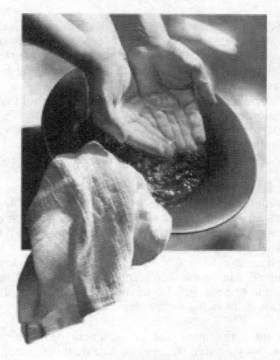

SU PRESENCIA DEBE PRODUCIR TRANSFORMACIÓN

HABLA TOMMY

Millones de creyentes alrededor del mundo padecen del "síndrome de azotea" del apóstol Pedro. Llegamos a estar tan absortos en nuestra experiencia de adoración "de azotea" que no queremos dejarla el tiempo suficiente como para llevar la presencia de Jesús a las calles y al mundo perdido.

En el libro de los Hechos se nos dice que el apóstol Pedro recibió una visión celestial en una azotea de Jope. Mientras estaba allí sentado e intentaba analizar el significado de la visión, el Espíritu Santo le dijo: "He aquí, *tres hombres te buscan*. Levántate, pues, y desciende y no dudes de ir con ellos, porque yo los he enviado."[1]

Dios está determinado a trasladar el evangelio (y la revelación de su presencia) de la azotea a la calle. Un incalculable número de personas no evangelizadas viven y trabajan alrededor de nuestras iglesias y a nuestro lado en los centros de trabajo. En la esfera del espíritu, ellos llaman a nuestra puerta y dicen: "Tenemos hambre, estamos sufriendo y somos muy pobres. ¿Alguien nos podrá ayudar?" Muy a menudo respondemos: "Discúlpeme, pues estoy teniendo una visión." Lo mismo que Pedro, nos olvidamos que *la misión de la visión de la presencia de Dios es llevarla a las calles*.

Cuando no permitimos que la presencia de Dios produzca transformación y acción, su mensaje deja de tener sentido. Pedro evidentemente padecía de serias recurrencias de su síndrome de azotea. Aparentemente prefería más experimentar los sentimientos agradables y la aprobación pública producidos por la experiencia visionaria que actualmente *hacer* lo que la visión requería. El apóstol Pablo desafió a Pedro en público porque éste se circunscribía a los cómodos círculos de sus prejuiciados amigos religiosos en vez de salirse de ellos a fin extender el amor de Dios a las personas que la cultura de su iglesia enseñaba que eran inmerecedoras de amor.[2]

Hacemos lo mismo cuando elegimos concentrarnos exclusivamente en "adorar" a Dios en tanto que pasamos por alto el mandamiento de Cristo de "[ir] por todo el mundo y [predicar] el evangelio a toda criatura".[3] En nuestra avidez por absorber más de su Espíritu, eludimos su comisión de ser llenos y capacitados por éste para testificar de Él "en Jerusalén, en toda Judea, en Samaria, y hasta lo último de la tierra".[4] *El propósito más alto de Dios no es hacer que crezcan las iglesias, sino congregar adoradores.*

JESÚS SE APARTÓ PARA ORAR Y ATENDIÓ A LAS PERSONAS TODO EL DÍA

Nadie ha amado y anhelado la presencia del Padre más que Jesús lo hizo durante su peregrinaje terrenal. Él oraba a menudo, pero también demostraba diariamente el fruto de su intimidad con su Padre. Él se apartaba a orar y a buscar el rostro de su Padre, pero luego acudía, día tras día, a donde estaban las sufrientes multitudes, incluso cuando sabía que sus enemigos lo asechaban.

Jesús no podía dejar de prestar atención a las multitudes, aunque a veces Él tenía que alejarse de ellas. Él miraba a las personas que sufrían como el pastor amoroso contempla a su rebaño.[5] Era como si no pudiera pasar cerca de un féretro y de una madre llorosa sin hacer algo en cuanto al problema.[6]

A veces Jesús pasaba cerca de algún enfermo intencionalmente, pero esos casos obedecían a misiones divinas que tenían prioridad sobre las infinitas necesidades de la gente que lo rodeaba. Ese fue el caso cuando sanó al hombre que yacía junto al estanque de Bethesda.[7] Jesús parecía estar motivado por la compasión misma de Dios, como si la punzante presencia interior del Padre lo impulsara y dirigiera.

El evangelio de Jesucristo es un evangelio práctico que se interesa tanto en que *se haga* algo como en que *se sea* algo. Las buenas obras no nos harán entrar en el cielo, pero una vez que recibimos la nueva vida de Jesús, Él espera que por el resto de nuestra vida hagamos lo que Él hizo. Es parte integrante de un todo. Las personas piadosas actúan piadosamente o no son tales.

ASÍ QUE NO PUEDE USTED PREDICAR... PERO ¿PODRÍA ENSEÑAR ACERCA DE JESÚS A NIÑOS DE TRES AÑOS?

Tal vez jamás pueda usted resucitar a un muerto, pero sí podría confortar a un enfermo. Quizá nunca logre usted hacer que los ojos de un ciego vean, pero podría cambiarle el aceite al automóvil de una madre sola o prepararle la cena a su vecino enfermo. Tal vez no haya sido llamado a predicar en las esquinas o a proclamar la Palabra de Dios ante miles de personas, pero podría usted enseñar a una clase de niños de tres años que Jesús los ama.

Hay algo sobre servir a los demás que agrada mucho al Señor. Una vez que usted empiece a llevarles a otros unción "a domicilio", la respuesta de Dios podría sorprenderlo. En medio de su servicio a otros, ¡puede que usted experimente lo milagroso! La presencia de Dios transformó a Esteban de un ungido servidor de mesas a un ungido obrador de milagros en las calles.[8]

Yo amo y valoro lo maravilloso de la presencia íntima de Dios; con todo, mi profesión original y mi pasión como evangelista ganador de almas nunca han abandonado mi corazón o mis pensamientos. Uno de mis más grandes deseos es ver a la iglesia llevar el poder transformador de la presencia de Dios a las calles y ciudades del mundo. Como expresé en mi libro *La casa favorita de Dios*: "Sabemos lo que ocurre cuando Dios visita una iglesia, pero no hemos visto todavía lo que podría suceder cuando Él visite una ciudad!"[9]

Dios nunca ha estado enamorado de edificios, y Él desprecia cualquier cosa que lo separe a Él de la comunión íntima con las personas que creó. La mayoría de los creyentes se hallan acomodados seguramente en los apriscos de centenares de miles de iglesias locales. Él busca a personas que acepten su comisión de buscar, servir y salvar a los que están perdidos. Dios quiere que nos aventuremos más allá de las cuatro paredes de nuestros templos y centros de adoración a fin de llevar su luz a la oscuridad y convertirnos en sus manos de misericordia y amor extendidas a quienes aún no lo conocen.

El asombroso viaje de servicio de Dave Cape virtualmente sienta las bases para cualquier análisis de nuestro elevado llamamiento a ser siervos.

CRUZARON SU PAÍS ARMADOS DE UNA TOALLA, UNA CRUZ Y UN LEBRILLO

Como mencioné en el primer capítulo, Dave era pastor de una iglesia en Johannesburg, África del Sur, hasta que el Señor le habló una palabra: "siervo". En el proceso de descubrir el significado y propósito de esa sola palabra, Dave y su esposa Carol renunciaron a sus cargos en la iglesia local y empezaron a recorrer su país de un extremo al otro armados de una toalla y una cruz con un lebrillo de madera atado donde se juntan los dos segmentos de la cruz.

Dave llevaba la cruz y el lebrillo a pie mientras que Carol y los niños seguían detrás en un vehículo (siempre que era posible). Su misión (que al escribirse esto todavía continúa en alguna parte del mundo) era lavarles los pies a todos los que le fuera posible durante ese recorrido.

Empezó él en la región nororiental de África del Sur, en las afueras de Soweto, una ciudad inclinada a la violencia situada al suroeste de Johannesburg. Luego lavó pies y experimentó innumerables milagros por todo el camino hasta Ciudad del Cabo, en la región del extremo suroeste de África del Sur. Su recorrido sería similar a caminar a pie desde Nueva York a Los Ángeles llevando a las espaldas aproximadamente 45 libras de equipo y agua.

A la mayoría de nosotros la idea de aproximarnos a desconocidos con la solicitud de lavarles los pies nos suena extraña e incómoda, pero Dave Cape tiene una habilidad desarmante de persuadir a prostitutas, presidentes y mendigos a meter los pies en su lebrillo de madera para lavatorio de pies. Quizá su secreto radica en las muchas lágrimas que se mezclan con el agua en ese lebrillo.

¿LES LAVARÍA USTED LOS PIES A DESCONOCIDOS?

Los Cape se atrevieron a obedecer el poco ortodoxo llamamiento de Dios a un ministerio de servicio sobrenatural y conmovieron a ciudades enteras con la compasión de Dios. Su obediente servicio ayudó a cambiar a su país e inauguró un poderoso ministerio internacional. Lo mejor de todo es que esos milagros no salieron de un púlpito, sino que tuvieron su origen en un lebrillo y en una toalla según Dave se arrodillaba y les lavaba los pies a desconocidos en los calurosos y polvorientos caminos.

No es tan importante que prediquemos el mensaje del amor de Dios como que lo vivamos y lo pongamos en acción.

Dave y yo nos decidimos a trabajar juntos y a combinar mi corazón con sus percepciones extraídas de más de una década de lavar pies y ministrar la Palabra en varios continentes. Sus anécdotas, sermones y mensajes nunca truenan desde un púlpito como un sermón de tres puntos sobre cómo debemos servir. Él comparte por igual con pecadores y santos con la misma compasión que lo compele a caminar por los caminos de muchos países y arrodillarse para servir tras un lebrillo. Él les lava a los demás los pies y el alma, aunque le duelan sus propios pies y se ensucien sus manos con los desechos que limpia en su lebrillo.

Ese simple acto implica mucho más que meramente agua y una toalla. Ese acto de servicio está dotado de poder de lo alto. La compasión, misericordia y gracia de Dios bañan los pies y el alma de aquellos a quienes Dave sirve. El poder del Espíritu Santo fluye a través de las manos de su siervo para lavar el rechazo, el dolor y las heridas de todos los cansados viajeros con los que él se tropieza.

Nuestro punto es este: No es tan importante que *prediquemos* el mensaje del amor de Dios como que *lo vivamos y lo pongamos en acción*. Me han dicho que San Francisco de Asís dijo: "Predica siempre... si fuera necesario, usa palabras."[10]

Dave Cape y su esposa Carol al final de su recorrido desde Soweto hasta Ciudad del Cabo descubrieron que Dios tenía mucho más que hacer para ellos. Dave se encontró llevando su cruz y lebrillo, y lavando pies desde Kurdistán hasta Irak en medio de la guerra del Golfo. Una vez más, Dios lo protegió sobrenaturalmente y él les demostró el poder del servicio a personas en ambos lados del frente de batalla... bien fueran ellos musulmanes, cristianos o judíos. La compasión de Dios también lo llevó hasta el reseco país de Sudán donde millones de personas se hallaban entre la vida y la muerte debido a una sequía crónica, a una hambruna perpetua, y a una guerra incesante entre fuerzas que compiten unas con otras.

Uno de los sitios más difíciles que Dave encontró en sus recorridos con la cruz y el lebrillo fue Estados Unidos a lo largo del litoral del Pacífico en la soleada California. Allí, más que en ningún otro lugar, sabía él que la presencia de Dios tenía que demostrar transformación y poder a fin de superar las innumerables distracciones de una cultura inmersa en la búsqueda de la satisfacción personal.

HABLA DAVID

Carol y yo enfrentamos uno de nuestros más grandes desafíos cuando recibimos una clara palabra de Dios de que lleváramos la cruz y el lebrillo de sur a norte a lo largo de la costa californiana. Sabíamos que la misión sería prolongada y que exigiría una tremenda inversión de dinero y de fe, pero no teníamos la menor idea de cuán difícil sería hacerlo.

Pasamos semanas de ataque espiritual cuando nos preparábamos para el viaje, pero finalmente me encaminé hacia la vera del camino cerca de la frontera mexicana próxima a San Diego, California. Teníamos sencillamente suficiente dinero como para quedarnos en un parque de casas de remolque durante una semana (si no gastábamos dinero en comida).

ENCONTRAMOS TODA CLASE DE "ISMOS" QUE PUDIERA UNO IMAGINARSE

No sabíamos que enfrentaríamos uno de los tiempos de pruebas más difíciles en más de una década de ministerio itinerante. Confrontamos toda clase de "ismos" que pudiera uno imaginarse; entre ellos, el humanismo, el feminismo, el socialismo y el materialismo, junto con la homosexualidad declarada y toda otra clase de aberración motivada por espíritus inmundos. ¡Llegué a encontrarme con más gente desquiciada que deambulaba por ese litoral que la que me había tropezado en ningún otro de mis recorridos!

Durante casi dos meses confrontamos desafíos constantes sin una sola victoria ministerial. (Carol y yo hemos hallado a menudo que tales períodos de sequía nos parecen peores que las amenazas abiertamente demoniacas que hemos confrontado en nuestro ministerio.) Visitamos muy pocas iglesias, y la economía permanecía increíblemente baja. Un día Carol gritó con desesperación cuando me alejaba del camión con la cruz y el lebrillo. Con lágrimas que le corrían por las mejillas, exclamó: ¡"Por favor, Dios, haz algo!"

El día primero de julio me encontraba yo en el bullicioso balneario de Laguna Beach. Éste se hallaba repleto de un laberinto de cuerpos con escasa ropa, aunque bien aceitados y bronceados, y yo miraba la escena con asombro. Todos vestían ropa de playa, y me sentía como un raro explorador de la selva con mis botas de excursionista, mis utensilios de viandante y mi cruz y lebrillo.

Oré en voz baja: *Dios, ¿será del todo posible que hagas algo aquí?* Entonces vi a un *surfer* salir del agua, con cabellera larga, un arete en la oreja y un cuerpo cubierto de tatuajes. Me miró en medio de la muchedumbre y me hizo una señal con el dedo pulgar alzado. ¡Ésa era toda la invitación que yo necesitaba!

Una vez que vadeé a través de aquel amasijo de humanidad para llegar hasta el *surfer*, le expliqué lo que estaba yo haciendo. Él simplemente hizo un gesto negativo con la cabeza y me dijo: "Mi amigo, todo este asunto de Jesús… no puede funcionar conmigo." Al preguntarle lo que quería decir, sólo me mostró su brazo. Estaba lleno de puntos negros y azules de las innumerables veces que se había inyectado drogas en las venas. Reconoció que él era un drogadicto crónico. Le dije: "Jesús puede hacerte libre ahora mismo." Entonces compartí con él el mensaje del evangelio y le dije que Jesús había venido a libertarlo.

MI TATUADO AMIGO RINDIÓ SU CORAZÓN Y PUSO SUS PIES EN EL LEBRILLO

Por un acto soberano de Dios, me encontré de rodillas en las candentes arenas de Laguna Beach junto a un drogadicto al que había conocido sólo minutos antes. A plena vista de todos, mi tatuado amigo rindió su corazón a Jesús y puso los pies en mi lebrillo montado en una cruz de madera. Él todavía estaba empapado de agua de mar cuando le lavé los pies y eché fuera de él, en el nombre de Jesús, las cadenas del vicio de las drogas. Ya para ese entonces teníamos la atención de casi todos en la playa. Antes de que hubiéramos terminado, otro hombre dijo: "Sí, a mí también!", y entonces empecé a lavarle los pies cuando rindió su corazón a Jesús. Luego vino una tercera persona…

Temprano esa tarde me encontré con un joven que formaba parte de un grupo social playero informal en Laguna Beach. Él me presentó a varios jóvenes de ambos sexos que sencillamente acampaban en la playa y se mantenían con la comida que cualquiera de ellos pudiera encontrar. Cuando supe que no habían comido mucho en días recientes, prometí regresar por la noche con comida (por fe, claro está).

Regresé a la casa remolque y me regocijé con Carol por las cosas que Dios había hecho, y luego le conté acerca de mi promesa de alimentar esa noche a los que acampaban en la playa. Ella tomó el poco dinero que nos quedaba y fue a comprar varias hogazas de pan, y se pasó el resto de la tarde preparando montones de emparedados.

—¿Qué sucederá si no se presentan esta noche? —me preguntó. Yo sólo atiné a responderle:

—¡Supongo que estaremos comiendo emparedados durante las próximas semanas!

Cuando Carol y yo regresamos a la playa esa tarde, mis nuevos amigos se presentaron acompañados de un nuevo grupo entero de amigos. Después de alimentarlos, oramos y compartimos el amor de Jesús con cada uno de ellos. Comprendimos que conforme habíamos sido bendecidos por la presencia de Dios esa tarde, su manifiesta presencia ahora estaba abriendo el camino para acciones amorosas de servicio esa noche. Lo que no sabíamos, sin embargo, era que la obra de Dios ese día también había dado inicio a algo que nos lanzaría en un frenesí de fervor y de ministerio durante los próximos meses al cual apenas podríamos dar abasto.

DIOS DIJO QUE ÉSTA ERA MI ÚLTIMA OPORTUNIDAD

La semana siguiente, el Señor nos llevó a un grupo de treinta ex presidiarios, drogadictos y prostitutas. Tuve el privilegio de compartir el evangelio con ellos y les dije cuán preciosos eran para Jesús. En Él tenían un futuro y una esperanza sin importar lo que hubiera en su pasado. Guiamos a ocho de ellos al Señor y los bautizamos inmediatamente. Le pedí a cada uno que compartiera brevemente su testimonio antes de sumergirlo, y un hombre expresó: "Salí de la cárcel ayer mismo y me figuré que Dios me había dicho que ésta era mi última oportunidad. Quiero todo lo que Él tiene para mi vida."

No estábamos en un servicio de la iglesia ni en un templo (aunque amamos ambos grandemente); pero, no obstante, andábamos y permanecíamos en la presencia de Dios. Además, podíamos ver el poder de su presencia transformarse en acción divina. La vida cristiana jamás puede ser sólo obras, como tampoco puede ser sólo presencia. Ambas deben estar equilibradas en nuestra vida a fin de que reflejemos la gloria del Creador.

NO PODEMOS MORAR EN LA PRESENCIA DE DIOS Y PERMANECER INVARIABLES

La novia de Cristo, la iglesia, ha experimentado en años recientes muchos derramamientos del Espíritu Santo y visitaciones divinas. Debemos considerar que es un privilegio vivir durante una época tan emocionante, pero tenemos un serio problema que se debe rectificar. Demasiados creyentes creen que pueden morar en la presencia de Dios y, a la vez, permanecer invariables en su estilo de vida y en su renuencia a servir en el reino de Dios.

Dios no está de acuerdo con eso. Él nos exhortó por medio del apóstol Santiago: "Pero sed hacedores de la palabra, y no tan solamente oidores, engañándoos a vosotros mismos."[11] La gente tendrá buenos motivos para dudar de la autenticidad de su fe si usted dice: "He estado en la presencia de Dios", pero esa experiencia no transforma la vida de usted o la de ellos.

Hace varios años, Carol y yo albergamos a un hombre en nuestra casa después que su vida y matrimonio fueron destruidos por un estilo de vida impío y una serie de malas decisiones. Él viajó 700 millas para llegar a nuestra casa, y cuando llegó, todas sus posesiones terrenales llenaban escasamente el asiento de atrás de su automóvil alquilado.

Carol y yo nos pusimos de acuerdo antes de su llegada en que lo apoyaríamos según se disponía él a restaurar su vida. También fijamos cuatro metas de oración para su vida: queríamos verlo restaurado espiritual, económica, social y domésticamente.

El mundo debe ver una diferencia en la vida de los que proclaman haber estado en la presencia de Dios.

Nuestro amigo empezó su viaje hacia la restauración en la mañana del día siguiente —que era domingo—, arreglando su vida con el Señor ante el altar de nuestra iglesia hogareña. En ese momento, esperamos ávidamente y observamos para ver si la semilla que Dios había plantado en su corazón echaba raíces genuinas. Y las echó.

Él se matriculó en la clase para nuevos creyentes y poco después se hizo miembro de la iglesia. Luego completó *dos veces* un programa de recuperación para divorciados y empezó a desarrollar amistades afectuosas con personas piadosas y amorosas de la iglesia (anteriormente en su vida, él parecía siempre elegir amigos que lo alejaban más y más del Señor).

Consiguió un excelente trabajo y empezó a cancelar sus deudas y a restablecerse económicamente. Después de unos pocos meses pudo cambiarse a su propio departamento, aunque Carol y yo continuamos viéndolo casi a diario cuando no estábamos ministrando en algún otro sitio.

TRANSFORMADOS EN LA PRESENCIA DEL SEÑOR

Lenta pero seguramente, nuestro amigo empezó a florecer conforme empleaba más tiempo en la presencia del Señor. Al escribir estas líneas, él ha celebrado su primer aniversario de matrimonio con una excelente dama de nuestra congregación (yo tuve el privilegio de oficiar en la boda). Se lograron todas las cuatro metas que fijamos para nuestro amigo en oración porque *su vida en la presencia del Señor lo transformó.*

El mundo *debe ver la diferencia* en la vida de los que proclaman haber estado en la presencia de Dios. No hay ninguna excepción a esta verdad en las Escrituras ni en la historia de la iglesia.

Cuando Moisés, el homicida que huía, se apartó del acostumbrado trillo de ovejas para investigar el arbusto que ardía en el monte Horeb, se encontró con la presencia del Dios viviente ¡y ella lo cambió!

Dios siempre se nos revela con un propósito divino; a Él no le interesa meramente emocionarnos o entretenernos. Dios le explicó a Moisés lo que sucedía con los israelitas en Egipto, y luego le dijo: "Ven, por tanto, ahora, y te enviaré a Faraón, para que saques de Egipto a mi pueblo, los hijos de Israel."[12]

Moisés no regresó de la misma manera que había salido. Fue cambiado permanente e inalterablemente debido a su encuentro con el Dios viviente. Su vida tomo un nuevo rumbo en la presencia de Dios y no hubo ningún retroceso. Él regresó obedientemente a Egipto como un hombre transformado, y su obediencia llevó a la milagrosa emancipación de su nación entera de la esclavitud de Egipto.

EL ROSTRO DE MOISÉS REFLEJABA LA GLORIA DE LA PRESENCIA DE DIOS

Más tarde, la vida de Moisés demostró de otro modo una *diferencia divina* que afectó a todos los que lo miraban. Cuando descendió del monte Sinaí con los Diez Mandamientos, después de pasarse cuarenta días con Dios, dicen las Escrituras que: "[...]no sabía Moisés que la piel de su rostro resplandecía, después que hubo hablado con Dios."[13] El rostro de Moisés literalmente *reflejaba la gloria de la presencia de Dios*. ¡Tuvo que ponerse un velo delante del rostro para hacer posible que los israelitas lo miraran! (Si eso nos sucediera a nosotros después de un encuentro con el Señor, nuestro rostro probablemente aparecería en todos los noticieros de televisión del planeta.)

Si uno ha estado con el Señor, lo reflejará. La presencia de Dios tiene un poder transformador que no puede ni dejará ninguna vida humana sin que sea cambiada. Saulo de Tarso era el más notorio perseguidor de cristianos en el Nuevo Testamento... hasta el día en que se encontró con el Dios viviente en el camino a Damasco.

La presencia de Dios transformó de tal manera a este celoso rabino "graduado del seminario" que Saulo el perseguidor se tornó instantáneamente en Pablo el creyente. He aquí los resultados de un solo *encuentro transformador con la presencia de Dios*:

uno de los más grandes apóstoles de la iglesia;

la evangelización de toda Asia en sólo dos años;

un rico legado de sabiduría emanado del ministerio de Pablo en la forma de sus epístolas escritas a la iglesia, las cuales constituyen la mayor parte de los escritos del Nuevo Testamento.

DIOS TODAVÍA DESEA QUE TODOS LOS HOMBRES SE SALVEN

La presencia de Dios es algo que debe ser disfrutado, saboreado, acariciado y venerado; pero nunca debe acapararse, reservarse o mantenerse para una pequeña elite. Servimos a un Dios que "[...]quiere que todos los hombres sean salvos y vengan al conocimiento de la verdad".[14] Ese hecho no ha cambiado. Los que realmente pasan tiempo en la presencia del Señor salen de ella con un fuerte sentido de amor y perdón hacia los demás combinado con una ardiente compasión por los perdidos.

Su presencia también nos da algo que no se puede encontrar en ningún otro lugar. La Biblia dice: "En tu presencia hay plenitud

Su presencia debe producir transformación 31

de gozo."[15] También dice: "[...]arrepentíos y convertíos, para que sean borrados vuestros pecados; para que vengan de la presencia del Señor tiempos de refrigerio."[16]

El gozo y el frescor sobrenaturales no tienen nada que ver con las circunstancias o con nuestros esfuerzos personales. Ambos son dádivas de Dios y evidencia de que hemos estado en la presencia del Señor. Estas dos características piadosas pueden imitarse durante algún tiempo, pero la imitación se descubre rápidamente cuando en un mundo caído empiezan a aumentar las presiones del servicio y de la fidelidad. No importa cuán difícil se torne la vida, la experiencia real adquirida en la presencia de Dios nunca se marchitará o decaerá. El gozo de Dios saldrá a la superficie aun en medio de nuestra desesperación o tristeza humanas. Su frescor se manifiesta como una súbita lluvia primaveral en un día caluroso, la cual barre a un lado todo lo que se le interpone. Son éstos los tesoros que debemos extraer del tiempo que pasamos en su presencia.

¿Observó usted que hay una condición anexa a nuestra entrada en la presencia de Dios? Debemos entrar en su presencia con arrepentimiento antes de que podamos recibir el beneficio de su frescor.

NO PODEMOS GUIAR A LAS PERSONAS A DÓNDE NO HAYAMOS IDO

Yo les digo a menudo a los pastores: "No pueden llevar a su gente a dónde ustedes no hayan estado primero, ni pueden guiarla a lo que no hayan ustedes experimentado personalmente." El mismo principio se aplica a nuestro ministerio de impartir gozo y frescor a otros. No hay ningún sustituto a pasar tiempo en la presencia del Señor, y la presencia de Dios siempre debe producir transformación.

La presencia del Señor también influye en las personas de otra manera que es obvia y poco común. He observado que la presencia de Dios a menudo libera un espíritu de ofrendar en nuestro corazón que es difícil de explicar. No es nada menos que una transformación milagrosa. (¡Muchos de nosotros nos aferramos más firmemente a nuestra cartera que a ninguna otra cosa en nuestra vida!)

El Señor liberó un espíritu de ofrendar durante una reunión a la que asistí, después que un ministro se puso de pie para recibir una ofrenda y empezó a compartir la verdad bíblica de que Dios le da la semilla al *sembrador*.[17] El ministro le preguntó a la congregación cuántos de ellos querían genuinamente dar una ofrenda, pero no tenían ninguna semilla que sembrar. Cuando aproximadamente 100 personas levantaron la mano en la sala de conferencias, él sacó de su bolsillo un fajo de billetes de 10 y 20 dólares y les pidió a las personas que se acercaran.

Cuando la gente empezó a pasar adelante en grandes números, un *espíritu de ofrendar surgió* espontáneamente entre las personas. Muchas de ellas empezaron a acercarse a otras en la congregación y a decirles: "El Señor me ha dicho que te bendiga con una dádiva."

Cuando finalmente se le terminó al predicador el dinero de semilla, las personas en la congregación empezaron a entregarles dinero a quienes no tenían ninguno para que todos pudieran experimentar la alegría de sembrar conforme a los principios de Dios.

Cuando finalmente se terminó de recoger la ofrenda, la congregación había dado esa noche un total de $65.000. Estoy convencido de que el poder de Dios fue liberado esa noche debido a lo que pasó *antes* de que fuera tomada la ofrenda; las personas que allí se encontraban entraron en un tiempo extendido de dulce adoración y lo reconocieron a Él como el invitado más importante de todos. Esa noche todos nos mantuvimos largo tiempo en su dulce presencia.

En mi mente, es esta aún otra experiencia que demuestra que no se puede estar en su presencia sin ser transformados esencialmente y cambiados en una manera visible. Gran parte del tiempo esa transformación se revela en la manera en que uno ve y sirve a los demás. *Si hemos estado con Él, lo reflejaremos*.

Notas
1. Hechos 10:19,20 (cursivas del autor).
2. Véase Gálatas 2:11-21.
3. Marcos 16:15.
4. Hechos 1:8.
5. Véase Mateo 9:36.
6. Véase Lucas 7:11-15.
7. Véase Juan 5:2-9.
8. Véase Hechos 6:2-6,8.
9. Tommy Tenney, *La casa favorita de Dios* (Miami, FL:Unilit, 2000), p.123.
10. Muchos atribuyen esta cita a San Francisco de Asís, pero hasta la fecha no he encontrado una fuente escrita o cita original de ella.

11. Santiago 1:22.
12. Éxodo 3:10 (cursivas del autor).
13. Éxodo 34:29.
14. 1 Timoteo 2:4.
15. Salmo 16:11; véase también Salmo 21:6.
16. Hechos 3:19.
17. Véase 2 Corintios 9:10.

CAPÍTULO TRES

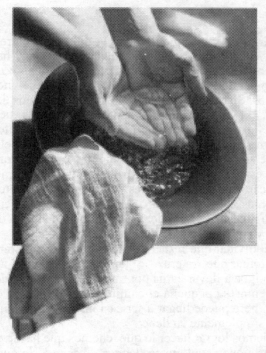

EL ESPÍRITU DE SERVICIO SE CONTAGIA, NO SE ENSEÑA

# HABLA TOMMY

El espíritu de servicio determina la diferencia entre el deber y el deseo, entre hacer lo que uno tiene que hacer y hacer lo que uno quiere hacer. Servir se convierte en un deleite cuando nos acercamos tanto al Señor que los deseos de Él se vuelven nuestros deseos. Sólo entonces hacer la voluntad de Dios dejará de ser un deber. La carga puede que a veces sea pesada, pero siempre será más ligera cuando uno la lleva con deseo y deleite.

Si yo me fuera de compras mientras llevo a su bebé cargado, tengo que admitir que probablemente me cansaría. Por otra parte, si yo en ese viaje llevara a mi propio niño, le prometo que mi fuerza alcanzaría nuevos límites. Y no necesariamente porque un niño sea más ligero que el otro. La diferencia estriba en que llevar a mi niño no es para mí únicamente un deber, sino el deseo de mi corazón, ya que se trata de mi criatura.

Es fácil olvidar que Jesucristo nos pidió que hiciéramos mucho más que tomar nuestra cruz.[1] Él también dijo: "[...]y a cualquiera que te obligue a llevar carga por una milla, ve con él dos."[2] No es ninguna empresa pequeña el caminar con Jesús bajo el yugo del servicio,[3] pero puede llegar a ser casi insoportable si uno lo enfoca como simplemente su deber.

Sí, podemos lograr hacer lo que tenemos que hacer; pero puedo garantizarle que usted nunca *llegará a ser todo lo que puede ser* hasta que avance más allá del mero deber y se traslade a la esfera del deseo. *El entusiasmo y la pasión del servicio humilde se alcanza mejor por contagio que mediante la enseñanza.*

No podemos enseñar o ser modelos de humildad si ella no está en nuestro corazón; es un asunto del corazón. ¿Ha notado usted cuán fácil es descubrir a los fingidores en una muchedumbre? La simulación física de fingir humildad se percibe como si fuera una capa de sacarina dulce. Es artificial hasta la médula, y uno reconoce los edulcorantes falsos, pues dejan un gusto amargo. Dicho con franqueza, el mundo y la iglesia están cansados del gusto amargo que dejan las personas que actúan como si fueran algo que no son. Es hora de que la iglesia deje de fingir y empiece a ser genuina.

ENTUSIASMO SIGNIFICA UN PROPÓSITO ARDIENTE

Una de las claves más importantes del éxito en el reino de Dios es el entusiasmo. Ello significa *que el propósito esté ardiendo*. A menudo, tal condición está visiblemente ausente de la iglesia. El entusiasmo sólo puede nacer de la pasión, y la pasión es algo que también se contagia en vez de enseñarse. Antes de que podamos arder para Dios, tendremos que tomar el fuego del corazón de Él. Cuando uno se enamora del que lo creó, la pasión del amor lo impulsa hacia un mundo nuevo de servir mediante dádivas y sacrificio voluntario. La vida se convierte entonces en una eterna carrera por *tratar de ofrendar más que Dios* (una carrera que estamos destinados a perder por la eternidad).

Cuando la pasión y el entusiasmo del amor se apoderan de nosotros, la vida asume un propósito que hace que no nos pese trabajar largas horas todos los días en servir a los demás. Servir al prójimo y adorar al Padre se convierten en nuestra ferviente misión en esta vida, así como lo fueron para Jesús.

Inmediatamente después que Jesús echó fuera del templo a los cambistas con un látigo, sus discípulos recordaron la profecía de los salmos: "[...]El celo de tu casa me consume."[4] Jesús "se contagió con la enfermedad" del entusiasmo por la casa de su Padre y era como un cáncer que se lo estaba comiendo. Dios no le teme a la pasión... *¡Él la inventó!*

Una vez que nos contagiamos con el fuego del corazón de siervo del Señor, nos hacemos servidores incurables. Aun si aceptamos un cargo de dirección o autoridad sobre otros, tenderemos a guiar mediante el ejemplo en vez de sólo por medio de palabras. Somos los primeros en atender las mesas y servir a los demás porque sabemos instintivamente que nadie en el reino de Dios se gradúa del ministerio de ayudas[5] ni de la escuela del servicio. Una vez que se enciende la llama del servicio, nunca podremos llegar a estar tan acostumbrados a un cargo de dirección que nos olvidemos que hemos nacido para ser siervos según el ejemplo de nuestro Maestro.

SERVICIO APASIONADO

A Dave y a su esposa Carol los consume el servicio. Los Cape no pueden evitarlo; sienten pasión por la misión que Dios les ha dado. El servir es un estilo de vida divino que ellos seguirán todos los días de su vida. Tenemos mucho que aprender de su ejemplo.

Una vez que nos contagiamos con el fuego del corazón de siervo del Señor, nos hacemos servidores incurables.

Los siervos habitualmente se preocupan más por los sentimientos de los demás que por los suyos propios. Nuestra lealtad primaria como siervos de Dios es a nuestro Señor y Maestro. Sus intereses y deseos deben tener prioridad a nuestros propios deseos, y a las necesidades y deseos de otras personas. Una vez que sepamos que andamos en la voluntad del Maestro, podremos concentrarnos en aquellos a quienes Dios nos ha enviado a servir.

Los siervos bendicen, incluso cuando son blasfemados y tratados mal por aquellos a quienes sirven. Cualquiera que labora en lo que el mundo secular llama la industria del servicio puede decirnos que las personas constituyen su más grande dificultad. Éstas pueden ser rudas, faltas de consideración, insensibles y, a veces, increíblemente crueles. Ello es especialmente cierto cuando nos aproximamos a ellas con las buenas nuevas de Jesucristo.

No obstante, Jesús dijo: "[…]No resistáis al que es malo; antes, a cualquiera que te hiera en la mejilla derecha, vuélvele también la otra."[6] ¿Por qué dijo tal cosa? Lo dijo porque sabía que para hacernos siervos tendríamos que renunciar a nuestros derechos. Sin embargo, una cosa singular ocurre cuando uno entra en el servicio debido a su pasión por el Maestro. Una vez que damos por concluido el asunto y aceptamos que en Cristo no tenemos ningunos derechos, desde ese momento en adelante nos libramos de tener que ser responsables por nuestro futuro. Nuestra vida ya no nos pertenece, pues pasa a manos de nuestro Maestro.[7] Las buenas nuevas son que el Maestro puede cuidar de nuestro futuro mejor que nosotros mismos.

HABLA DAVID

Agradezco las bondadosas palabras de Tommy Tenney acerca del ministerio que Dios nos ha dado a Carol y a mí, pero debo admitir que hizo falta una palabra punzante de Dios para estremecerme y sacarme de mi cómoda rutina. Respondimos al llamamiento y hemos lavado miles de pies en el nombre del Señor durante más o menos diez años; con todo, *eso no significa nada* si no nos acercamos al próximo par de pies sucios con un genuino espíritu de humildad y de servicio.

LA GRANDEZA A LOS OJOS DE DIOS

¿Ha observado usted que cuando la Palabra de Dios habla de hombres que llegan a ser grandes, lo hace en condiciones que desafían nuestros modelos de pensamiento y presuposiciones normales acerca del liderazgo? Jesús les dijo a sus polémicos discípulos:

> […]el que quiera hacerse *grande* entre vosotros será vuestro servidor, y el que quiera ser el primero entre vosotros será vuestro siervo; como el Hijo del Hombre no vino para ser servido, sino para servir, y para dar su vida en rescate por muchos.[8]

La mayoría de nosotros asentimos con la cabeza e incluso les predicamos a otros esta verdad, pero muy pocos llegamos a hacerla realidad en la vida real. Estimo que la mayoría de las personas nunca se abren paso a la esfera del servicio porque no se han contagiado con el apasionado espíritu de Aquel que vino para servir. Quienes lo hacen, empiezan a asumir algunas o todas las características bíblicas de los verdaderos siervos del reino de Dios.

Cinco características de todo verdadero siervo

1. Los siervos deben estar dispuestos a humillarse.
Dios siempre ha estado más interesado en lo que hay en el interior de un individuo que en lo que hay por fuera de él. Cuando pienso en

verdaderos siervos, a menudo pienso en la difunta Madre Teresa, esa humilde monja católica que consagró su vida a servir a los pobres, a los indigentes y moribundos de las atestadas ciudades de la India.

La Madre Teresa no podría haber pasado exitosamente siguiera una prueba de pantalla en Hollywood. En lo que se refiere a rostros famosos o a sonrisas superficialmente hermosas, ella tampoco habría calificado. No obstante, todos los líderes mundiales, las celebridades y los políticos de la tierra querían darle la mano o pasarse tiempo con ella. En sus años finales, apenas pesaba setenta libras y su esqueleto torcido la hacía parecer como si estuviera mayormente compuesta de huesos y piel. Con todo, ninguna de esas cosas importaban a la vista de Dios. A Él le interesaba la manera en que la pasión por Cristo de ella tocó la vida de millones de personas sufrientes durante décadas de servicio consagrado a los más pobres entre los pobres y a los "intocables" de la India. A Dios sólo le interesaba su corazón.

Eso me recuerda la ocasión en que Dios escogió a un joven pastor de rostro sonrosado que era de estatura pequeña. El día llegaría cuando este muchacho se pararía entre dos ejércitos y desafiaría a los enemigos de Dios incluso cuando empequeñecía con el eclipse de la sombra de Goliat.

El joven David era un simple pastor con corazón de siervo, el menor de ocho hermanos, quien era objeto de burla de sus hermanos mayores. No obstante, Dios eligió a David en vez de a sus hermanos porque éste tenía un corazón del tamaño de Dios envuelto en un cuerpo pequeño. El Señor conocía la medida del corazón de David mucho tiempo antes de que se enfrentara a Goliat.

Saúl, el primer rey de Israel, eligió agradar a los hombres más que al Señor y se descalificó a sí mismo como líder del pueblo de Dios. Fue entonces cuando el Señor envió al profeta Samuel a ungir rey a uno de los hijos de Isaí. Samuel pensó que tenía al ganador cuando vio a Eliab, el apuesto hijo mayor de Isaí, pero Dios lo interrumpió y le dijo: "[...]No mires a su parecer, ni a lo grande de su estatura, porque yo lo desecho; porque Jehová no mira lo que mira el hombre; pues *el hombre mira lo que está delante de sus ojos, pero Jehová mira el corazón.*"[9]

Dios rechazó a cada uno de los siete hijos que Samuel examinó, y cuando el profeta le preguntó a Isaí, supo que había un octavo hijo que cuidaba las ovejas de su padre. Samuel se negó a sentarse hasta que Isaí trajera del campo a su hijo olvidado. La Biblia dice: "Y Samuel tomó el cuerno del aceite, y lo ungió *en medio de sus hermanos*; y desde aquel día en adelante el Espíritu de Jehová vino sobre David.[...]"[10]

Mientras tanto, el Espíritu del Señor *se apartó* de Saúl y un espíritu malo empezó a atormentarlo. Por instancia de sus siervos, el rey Saúl le mandó un mensaje a Isaí: "[...]Envíame a David tu hijo, *el que está con las ovejas*."[11] La Biblia dice que Saúl amó grandemente a David en ese momento y lo hizo su paje de armas.[12]

David volvió a alimentar las ovejas de su padre por un tiempo y el rey Saúl enfocó su atención en las dificultades con los filisteos. Entonces David les llevó suministros al frente de batalla a sus hermanos mayores y oyó por casualidad a Goliat desafiar a los ejércitos de Israel. ¡Rápidamente se encontró en el cuartel campal del rey Saúl probándose la misma armadura que él cuidaba cuando no estaba en casa con las ovejas! Pero David optó por luchar contra Goliat con los utensilios de pastor que él había usado contra los leones y los osos que habían intentado asolar el rebaño de su padre. Goliat fue abatido, y el ejército de Israel terminó la faena.

Una vez más, David halló favor delante de Saúl; pero la buena voluntad acabaría pronto. Después que el rey hizo a David comandante de su ejército, Saúl oyó por casualidad a las mujeres de Israel cantar mejores canciones acerca de David que acerca de él, y dio cabida en su corazón a un espíritu homicida de celos. Saúl intentó matar a David siete veces de cinco maneras diferentes, antes de que David finalmente huyera para salvar la vida.[13]

David no entró en la corte del rey Saúl jactándose de que Samuel lo había ungido como el sustituto de Saúl. Entró como siervo y se le confió la armadura del rey... un puesto de gran confianza.

Los temores paranoicos de Saúl de que David le quería robar el reino aumentaban día tras día. Con todo, incluso cuando el enojo de Saúl lo quemaba, David esquivó las lanzas pero se negó a arrojarlas de regreso. Continuó amando y respetando al rey Saúl, incluso después que el rey lo forzó al destierro. ¿Por qué? Porque él había desarrollado un corazón humilde de siervo. De algún modo Dios siempre nos hace regresar a las cosas del corazón.

Cuando Carol y yo servimos de pastores de una iglesia en África del Sur, decidimos brindar té caliente a la congregación los domingos por la mañana después del culto (esta es una costumbre popular en nuestro país). Pronto descubrimos que todos querían beber té, pero que nadie quería lavar las tazas. Ya que la iglesia no disponía de una lavaplatos automática, se nos presentó una dificultad logística. Entonces el Señor nos desafió al decirnos: "Si

El Señor quiere que estemos dispuestos a hacer cualquier cosa que les pidamos hacer a otros.

quieren que los miembros de la iglesia laven las tazas, ¡entonces deben ustedes lavarlas primero!"

El compañerismo era nuestra meta primaria, y si nos iba a costar la faena de lavar los platos los domingos por la mañana, que así fuera. Mientras que todos los demás confraternizaban y disfrutaban de su té y pastel, Carol y yo nos escurríamos a la cocina para lavar varios cientos de tazas. Lo mismo ocurrió la semana siguiente, pero esta vez una dama entró en la cocina y exclamó: "¡Oh, ustedes están lavando las tazas!" Nos sonreímos y le dijimos: "Efectivamente, nos estamos divirtiendo." (Cantábamos y alabamos a Dios mientras trabajábamos.)

Ella desapareció y volvió rápidamente con una amiga a unírsenos en la fiesta de alabanza de la cocina. La semana siguiente, nuestras dos ayudantes volvieron con dos más y todas nos ayudaron a alabar al Señor y a lavar las tazas. La semana siguiente, ni siquiera podíamos abrirnos paso en la cocina para ayudar a lavar las tazas. Los puestos habían sido tomados y supimos que habíamos pasado otra pequeña prueba del Señor. No quiero que esto suene como algo superespiritual; sencillamente hicimos lo que el Señor nos había pedido que hiciéramos y otras personas también "se contagiaron". El Señor quiere que estemos dispuestos a hacer cualquier cosa que les pidamos hacer a otros.

A veces Dios requiere que nos humillemos en el cumplimiento del deber. Durante mi segundo año por los caminos, Dios me dijo que anduviera por una sección "mala" de una ciudad y lavara pies en las calles. Sentía que ya para esa época lo había dejado yo todo por Cristo. Supuse que mi hombre carnal estaba razonablemente muerto, pero Dios iba a asegurarse de eso.

Una tarde llegué a una parte depauperada de la ciudad a la hora de mayor tránsito cuando las filas para los autobuses eran bien largas. Era el sitio perfecto para que un evangelista tuviera a un público cautivo. Los viajeros perderían su lugar en la fila si se salían, por lo que no tenían más remedio que escuchar.

Cientos de personas se apretaban, hombro con hombro, cerca del bordillo de la acera con la esperanza de abordar el próximo ómnibus. Mientras yo le ministraba a una dama, el Señor realmente comenzó a tocarla. Ella no podía dar ni un sólo paso atrás ni sentarse porque había otra fila detrás de ella y una tercera fila detrás de aquella. Entonces tuve la sensación de que el Señor me decía: "Lávale los pies."

No había ningún espacio libre en la apretada acera; la única zona disponible para mí era el desagüe. El único inconveniente era el sucio limo verde que había allí. Pensé entonces: *Oh, Dios, ¿a dónde vamos a ir?* Él respondió al instante: "Dile que se siente donde está; tú puedes arrodillarte en el desagüe y lavarle los pies."

Tuve mi respuesta, así que me arrodillé en el limo sucio del desagüe con todo el hediondo y húmedo estiércol que fluía alrededor de mis rodillas y le lavé los pies a esa preciosa dama. Entretanto, cientos de personas olvidaron temporalmente su ansiosa preocupación de abordar un ómnibus. Cuando terminé, el Señor pareció decirme: "Yo sólo quería ver cuánto estabas dispuesto a hacer." El Señor nos recuerda constantemente que un siervo siempre debe estar dispuesto a humillarse.

2. Los siervos deben ser entusiastas.

Según la definición de Tommy, entusiasmo significa "propósito ardiente". El rey David de la Biblia ilustra perfectamente lo que decía Tommy. Lo primero que hizo David en Hebrón cuando el pueblo de Israel lo nombró su rey fue organizar una fiesta de bienvenida nacional para el arca del pacto.[14] Desafortunadamente, David primero intentó transportar el arca usando una carreta nueva arrastrada por bueyes según el método filisteo. Cuando la carreta perdió estabilidad en la era de Quidón, un presuntuoso joven llamado Uza tocó el arca y fue herido instantáneamente por Dios.[15]

David regresó a Jerusalén y entonces decidió probar una segunda vez, usando a sacerdotes levitas consagrados para transportar el arca de la Presencia en los hombros. Esta vez los resultados fueron muy diferentes. Treinta y cinco mil personas acompañaron a David en el viaje para traer el arca a Jerusalén. La inferencia es que cada seis pasos la caravana entera se detenía mientras los sacerdotes ofrecían un sacrificio a Dios, y todos danzaban delante del Señor.

Cuando la alegre caravana del rey David llegó a Jerusalén, el entusiasmo de David por la presencia de Dios ardía al máximo. La Biblia dice: "Y David danzaba con toda su fuerza delante de Jehová; y estaba David vestido con un efod de lino."[16]

A lo último, David se desvistió hasta quedarse en ropa interior en adoración y alabanza sin inhibiciones delante de Dios. (¡Lo animo a que se entusiasme acerca del Señor, pero no le sugiero que llegue usted hasta ese extremo!) El punto es que servimos a un Dios apasionado que se deleita con nuestro entusiasmo y pasión por Él y su reino.

En su clásico libro *Los perseguidores de Dios*, Tommy describió un nuevo entusiasmo y pasión que pueden transformar a la iglesia como la conocemos:

> Ya que no queremos ser demasiado radicales, colocamos todas las sillas en filas alineadas y esperamos que nuestros cultos también se conformen a líneas igualmente rectas y regimentadas. ¡Necesitamos llegar a estar tan desesperadamente hambrientos de Él que *literalmente nos olvidemos de nuestros buenos modales*!...
>
> Todos los que yo puedo recordar en el Nuevo Testamento que "se olvidaron de sus buenos modales" recibieron algo de Él. No me refiero a la falta de urbanidad por causa de esta en sí; me refiero a la falta de urbanidad nacida de la desesperación![17]

Cuando yo era pastor, anhelaba ver a nuestra iglesia convertirse en una "iglesia de oración". Le pregunté al Señor: "¿Por qué cuando vienen a la ciudad ministros famosos, nuestra iglesia se llena; pero cuando llamamos a una reunión de oración, somos 'cuatro gatos'?" Dios pareció contestarme con otra pregunta: "¿De veras quieres que la iglesia ore?" Cuando le respondí que sí, me dijo: "¿Sabes por qué la iglesia no ora? Es porque *no te ve orar a ti y a los otros pastores.*"

El domingo siguiente mismo le pregunté a la congregación: "¿A quiénes les gustaría orar?" Casi todos levantaron la mano, así que les dije: "Muy bien, entonces haré un trato con ustedes. Oraré *con ustedes* a cualquier hora que quieran orar, bien sea de día o de noche."

La semana siguiente llevé mi ropa de cama para la iglesia, y empecé a orar día y noche. Fue asombroso ver cuántas personas se presentaron para orar. Un lunes por la noche, treinta hombres oraron conmigo hasta la una de la madrugada; ¡luego todos se fueron a trabajar esa mañana como de costumbre! En otras ocasiones, las personas oían de Dios y venían y llamaban a la puerta de la iglesia a las cuatro de la mañana. Aunque estuviera medio dormido, sin estar seguro dónde estaba, empezaría a dar pasos alrededor del cuarto de oración e iniciaría una ferviente oración.

El espíritu de servicio se contagia, no se enseña 45

Mereció la pena, porque liberó un espíritu de oración en nuestra iglesia. Largo tiempo después de que nos habían trasladado de esa iglesia, nombraron a un anciano para que orara con las personas una vez por semana las veinticuatro horas del día. Necesitamos permitir que el entusiasmo de Dios nos consuma, cueste lo que cueste.

Necesitamos tener entusiasmo por la oración, por el reino de Dios y por los perdidos. Cuando *el entusiasmo de Dios empiece a consumirnos, subirá dentro de nosotros un espíritu de servicio.* He observado que cada gran siervo de Dios en la Biblia y en la iglesia moderna ha exhibido un entusiasmo consumidor por Dios. Que la iglesia y el mundo alrededor de nosotros, según nos consuma el entusiasmo de Dios, puedan ver menos de nosotros y más de Él.

3. Un siervo nunca intenta ser igual que la persona a quien sirve.

David tuvo la vida de Saúl en sus manos en dos ocasiones separadas (registradas en 1 Samuel 24 y 26); con todo, David no lo mató porque Saúl era el ungido de Jehová y David sentía que debía servirlo tanto como Saúl se lo permitiera.

La primera vez que David le perdonó la vida a Saúl ocurrió en el desierto de Zif cuando Saúl entró en una cueva para cubrir sus pies. Él no sabía que David y sus hombres estaban escondidos en los rincones de la cueva. Los hombres de David le dijeron que Dios había entregado a Saúl, su enemigo, en su mano y lo instaron a que matara a Saúl. David no pudo resistirse a cortar un pedazo de la túnica de Saúl en secreto para mostrarle lo que él pudiera haberle hecho si hubiese querido.

Aun ese acto aparentemente inofensivo hizo que David se sintiera culpable, y él compartió con sus hombres la esencia de su corazón de siervo: "[...]Jehová me guarde de hacer tal cosa contra mi señor, el ungido de Jehová, que yo extienda mi mano contra él; porque es el ungido de Jehová."[18] Luego David detuvo a sus hombres y los hizo dejar tranquilo a Saúl. Saúl salió de la cueva sin percatarse de la presencia de David hasta que este lo siguió afuera de la cueva y clamó: "¡Mi señor el rey!"[19] Luego David de hecho se inclinó ante el hombre que quería matarlo, puso su rostro en tierra con humildad y le dijo a Saúl que le había perdonado la vida. *¡David rehusó procurar la igualdad con aquel a quien Dios lo había enviado a servir* (incluso cuando sin duda éste estuvo al alcance de su mano)!

En el segundo incidente, David atravesó por en medio de 3.000 soldados hasta el centro del campamento del rey Saúl en el desierto de En-gadi. La meta del rey, una vez más, era cazar y dar muerte a David.

Cuando David estaba de pie sobre las formas dormidas del rey Saúl y de Abner, su general, uno de los hombres valientes de David llamado Abisal le dijo que Dios (de nuevo) había entregado al rey en su mano. Entonces le pidió a David que le permitiera matar al rey Saúl con la propia lanza de este. David de nuevo le dio la respuesta de un verdadero siervo tanto de Dios como del hombre: "[…]No le mates; porque ¿quién extenderá su mano contra el ungido de Jehová, y será inocente?"[20]

A pesar de que el hombre que dormía a los pies de David lo había cazado como a un animal durante años, David todavía insistía en honrar al rey Saúl como el ungido de Jehová. Sabía que Dios juzgaría a Saúl en su propio tiempo y a su propia manera. Mientras tanto, ningún hombre debía hacerle daño al rey.

El apóstol Pablo nos dice que tengamos la misma actitud que Jesús, el cual eligió hacerse siervo a fin de salvar a otros:

> Haya, pues, en vosotros este sentir que hubo también en Cristo Jesús, el cual, siendo en forma de Dios, no estimó el ser igual a Dios como cosa a que aferrarse, sino que se despojó a sí mismo, tomando forma de siervo, hecho semejante a los hombres; y estando en la condición de hombre, se humilló a sí mismo, haciéndose obediente hasta la muerte, y muerte de cruz.[21]

Un joven "hijo en el Señor" mío se desempeña de pastor principal de una excelente iglesia en África del Sur. Un día me dijo: "Dave, puedo ver que usted es un 'padre' en mi vida." Yo le dije: "¿Qué es todo ese asunto de 'padre'? Sencillamente seamos amigos." Él insistió: "No, Dios me ha mostrado que usted es un padre espiritual en mi vida. Quiero que usted sea mi padre."

Rehusé su sugerencia durante algún tiempo con la frase: "No, sencillamente seamos amigos." No obstante, cada vez que yo visitaba su iglesia, él le decía a su congregación: "Este hombre es mi padre. Si alguna vez me salgo de línea, llámenlo a él."

Después de varios años, entendí finalmente lo que Dios estaba haciendo, y tomé el manto que este hijo espiritual me había dado. Comprendí que la paternidad espiritual es dada por el hijo; no es impuesta por el padre. De la misma manera, la "condición de hijo" siempre es recibida y no impuesta. David siempre consideró que Saúl era un padre en su vida, aunque en sus años finales Saúl se negó a vivir al nivel de su llamamiento.

Con el transcurso de los años, he notado que mi hijo espiritual también se ha convertido en un padre espiritual en su iglesia, aunque muchos de sus hijos espirituales sean más viejos que él. Los hombres le responden y extraen la paternidad espiritual que él lleva en su vida. Ocurrió porque él estuvo dispuesto a someterse y convertirse en hijo. Él nunca intenta ser igual a mí, aunque ciertamente merece serlo debido a sus logros y crecimiento. David siempre reconoció el manto de Dios sobre Saúl. Estuvo dispuesto a obviar el conflicto terrenal y las dificultades de la carne entre ellos para honrar la unción de Dios que había en la vida de Saúl.

4. *Un siervo se preocupa.*

Cuando David buscó refugio de Saúl en la cueva de Adulam, la Biblia dice que sus hermanos y su familia entera se le unieron junto con "todos los afligidos, y todo el que estaba endeudado, y todos los que se hallaban en amargura de espíritu".[22] Gustárale o no, David llegó a ser el "capitán" de casi 400 hombres que eran lo que yo llamo: los que "no pueden trabajar, los que no trabajan y los que no quieren trabajar".

De algún modo David logró mantener a estos hombres y sus familias, y los transformó en una de las más temidas y respetadas fuerzas de combate de la región. David desarrolló relaciones duraderas con individuos maltratados y heridos que otros habían juzgado y eliminado debido a su credo, clase social, crímenes o fracasos crónicos. Él amó a los que nadie quería y éstos se animaron a aceptar el desafío.

Tres de los hombres que estaban en aquella cueva llegaron a ser hombres valientes de renombre de David: Adino, Eleazar y Sama. Éstos fueron los hombres que arriesgaron la vida sencillamente para penetrar las líneas de los filisteos y buscarle a David un trago de las aguas de Belén.[23]

Él se preocupó lo bastante como para enseñarles *autoestima* e *intrepidez* (junto con la mejor capacitación disponible en oración, adoración y alabanza), para que pudieran confrontar los desafíos de la vida con valor y confianza. Dios usó el amoroso ejemplo de David para transformar a una derrotada banda de "perdedores" en el poderoso ejército que lo ayudó a vencer a todos los enemigos de Israel después que se convirtió en su rey. Como demostraron sus tres hombres valientes con su generoso acto de valor en Belén, David también los enseñó a no contar el costo del servicio.[24]

Visión de Jesús que llora sobre Kuwait

Carol y yo sentíamos que necesitábamos restablecer nuestra base hogareña después de haber pasado varios años de vida nómada. Modificamos nuestro calendario a fin de que pudiéramos trabajar desde una base central y luego nos instalamos de nuevo en nuestro hogar de África del Sur, para que nuestros niños pudieran permanecer en casa. Decidimos tomarnos dos meses de vacaciones para fortalecer a nuestra familia y reparar nuestro hogar que ya mostraba algunos efectos de serio abandono.

En nuestra octava noche en casa, Dios empezó a hablarme. Todavía todo estaba en las cajas, y Carol se había acostado temprano, cuando de repente yo vi un cuadro de Jesús que lloraba sobre la nación de Kuwait en el Medio Oriente. Desperté a Carol y le dije: "He visto una visión de Jesús que lloraba sobre Kuwait." Ella sólo me dijo: "¡Oh, Dave, duérmete!"

Ninguno de los dos dormimos esa noche porque ambos nos dimos cuenta de que el Señor nos preguntaba: "¿A quién enviaré?" La mañana siguiente oramos: "Señor, henos aquí. Estamos disponibles. Envíanos." Faltaban sólo diez días para la Navidad, y empezamos a orar y ayunar en busca de dirección. Finalmente, cerca de las cuatro de la madrugada del día de Año Nuevo, los dos sentimos que el Señor nos decía: "Quiero que salgas ahora." (Eso fue antes del inicio de la guerra del Golfo.)

Confiamos en que Dios nos proporcionaría el dinero para el pasaje en avión, y al fin éste nos llegó. En aquella época uno no podía viajar muy lejos con un pasaporte surafricano, por lo que decidí viajar a Londres a fin de buscar una vía para llegar al Medio Oriente desde allí.

Miré a Carol a los ojos en el aeropuerto internacional de Johannesburg y le dije: "Si no quieres que yo vaya, me quedaré." Ella se veía asustada, pero nunca me olvidaré de lo que me dijo: "Dave, sé delante Dios que tienes que ir. En lo natural yo no quiero que vayas, pero sé que tienes que ir."

La guerra del Golfo hizo erupción tan pronto como llegué a Londres, y le pregunté a Dios: "¿Qué hago ahora?" Él me dijo: "Puede que hayan cambiado las circunstancias, pero Yo no he cambiado mi propósito. Sigue con tu viaje."

Por designio divino, conocí en Londres a un mayor general de las fuerzas armadas británicas. Él había comandado algunas de las tropas británicas que participaron en la guerra de las Malvinas. Hizo arreglos para que yo llegara hasta el Kurdistán en la frontera Iraquí donde tuvo lugar mucho de la acción. No me di cuenta, pero Dios me permitió ir directamente en medio de uno de los grupos de pueblos no alcanzados donde pude compartir el evangelio de Jesús.

Después de la guerra, un hombre de Londres nos envió una carta a Carol y a mí, en la que nos decía que conocía a veinte personas que recibieron a Cristo debido a mi labor en el Kurdistán durante la guerra del Golfo. Eso abrió las puertas para que tanto Operación Movilización como YWAM (siglas en inglés de *Youth with a Mission*, "Juventud con una misión") entraran en la zona anteriormente cerrada y establecieran bases permanentes de ministerio.

A veces tenemos que movernos en el amor de siervo de Jesús incluso cuando no sepamos el porqué y no tengamos ninguna manera de contar el costo. Carol lo comprendió cuando un estimado amigo la visitó mientras estaba yo en el Kurdistán y le dijo: "Si David está en la voluntad de Dios, está más seguro en ese conflicto que estaría aquí mismo si estuviera *fuera de la voluntad de Dios*. Él podría ir caminando por esa calle y ser atropellado por un automóvil si estuviera fuera de la voluntad de Dios."

5. Un siervo bendice.

Después que David llegó a rey de Israel y la paz prevaleció en la nación, él se acordó de su solemne pacto con Jonatán, el hijo de Saúl, y comenzó a buscar a alguno de los descendientes de Saúl que todavía estuviera vivo. No le importaba que Saúl hubiera hecho todo lo que pudo por matarlo y desacreditarlo. Tenía una promesa que cumplir. Sus consejeros le dijeron que Saúl tenía un nieto, Mefi-boset (hijo único de Jonatán), que todavía estaba vivo. Éste había quedado lisiado a la edad de cinco años cuando su enfermera lo dejó caer el día en que murió Saúl, y vivía en virtual destierro.

Cuando Mefi-boset acudió a la cita de David, probablemente se preguntó si vería otro amanecer. Se postró de inmediato ante David, pero el rey le dijo que no temiera y prometió restituirle todas las propiedades de su abuelo, el rey Saúl. Luego David le dijo a Mefi-boset que comería a su mesa real "como uno de los hijos del rey".[25]

Cualquier seguidor de Cristo con un verdadero corazón de siervo es rápido en perdonar y olvidarse de las heridas y males infligidos por otros. Los siervos de Dios siempre *optan por bendecir*, ya sea que ello implique llevar a cabo acciones bondadosas, trayendo alegría a otros o amando activamente a los que no merezcan ser amados mediante actos de servicio tangibles.

Todo esto es casi imposible de enseñar; debe contagiarse. Acerquémonos al Siervo divino que lo dio todo por nosotros. Permitamos que su fuego encienda la llama del servicio humilde en nuestro corazón, y luego busquemos a alguna otra persona y sirvámosla como Jesús nos sirvió a nosotros.

Notas
1. Véase Lucas 9:23.
2. Mateo 5:41.
3. Véase Mateo 11:29,30.
4. Juan 2:17, cita del Salmo 69:9.
7. Véase 1 Corintios 6:20; 7:23.
8. Mateo 20:26-28 (cursivas del autor).
9. 1 Samuel 16:7 (cursivas del autor).
10. 1 Samuel 16:13 (cursivas del autor).
11. 1 Samuel 16:19 (cursivas del autor).
12. Véase 1 Samuel 16:21.
13. Dos veces Saúl le arrojó lanzas a David (véase 1 Samuel 18:10-16, 19:9,10) y envió mensajeros o siervos a matarlo (1 Samuel 19:1-7,11-17). También planificó que enviaran a David a pelear contra los filisteos y se le retirara la ayuda (1 Samuel 18:17-30). Fue a casa de Samuel a matarlo (1 Samuel 19:18-24) y le ordenó a Jonatán que trajera de regreso a David al palacio a fin de poder matarlo allí (1 Samuel 20:30,31).
14. Véase 1 Crónicas 13:2,3.
15. Véase 1 Crónicas 13:5-11.
16. 2 Samuel 6:14.
17. Tommy Tenney, *The God Chasers* ["Los perseguidores de Dios"] (Shippensburg, PA: Destiny Image Publishers, Fresh Bread Publishing, 1998), p. 27.
18. 1 Samuel 24:6.
19. 1 Samuel 24:8.
20. 1 Samuel 26:9.
21. Filipenses 2:5-8 (cursivas del autor).
22. 1 Samuel 22:2.
23. Véase 2 Samuel 23:15-17.
24. En Lucas 14:28 el Señor Jesús nos ordena "calcular los gastos", lo cual parece contradecir lo que digo en este capítulo. Entiendan, por favor, que Jesús se refería acerca de la dedicación total que Él requiere de nosotros cuando lo recibimos como Señor y Salvador. Una vez que tomamos esa decisión, Él espera que lo

obedezcamos y sigamos *por fe*, sin detenernos a sacar la cuenta o a analizar nuestra propia manera de hacer las cosas antes de obedecerlo. Si usted estudia los aspectos bíblicos del servicio, supongo que ya haya calculado los gastos y le haya entregado su todo a Cristo.

25. 2 Samuel 9:11.

CAPÍTULO CUATRO

SERVIR CON DIGNIDAD Y DELEITE

HABLA TOMMY

Uno de los problemas con la iglesia hoy es que cualquiera que espere tener un encuentro genuino con Jesucristo tendrá primero que abrirse paso a través del estiércol y del fango de quiénes y qué somos. Debido a que casi siempre actuamos como señores en vez de como siervos, cuando estas personas por fin conocen a Jesús, muchos de ellos comparten la opinión del fallecido líder nacionalista indio Mahatma Gandhi que dijo: "Me agrada el cristianismo; yo sería cristiano si no fuera por los cristianos."

La actitud de un siervo determina la atmósfera del palacio. Si usted tiene la oportunidad de visitar la residencia de un rey, de un presidente, de un primer ministro o de un adinerado líder de negocios, su primera impresión de esa persona no se verá afectada tanto por la belleza del palacio o residencia como por la actitud del más humilde siervo.

¿Quién será la primera persona que usted verá cuando entra en tales sitios? Claro que no será el señor de la casa. Lo más probable es que el primer rostro que usted vea (y, de hecho, el segundo, el tercero y posiblemente el cuarto rostro que vea) será el de un *sirviente*. Cuando finalmente vea al líder o financiero famoso, sus primeras impresiones ya se habrán formado, solidificado, consolidado y sellado por las actitudes de los siervos que ya se haya encontrado.

Lo mismo se aplica a las personas que vienen a nuestras iglesias y esperan encontrarse con el Señor de la casa. La diferencia esencial estriba en si servimos a nuestro Señor de mala gana o con dignidad y deleite.

En una ocasión llevé a un pequeño grupo de personas a un restaurante aproximadamente veinte minutos antes de la hora del cierre. Resultaba obvio que no éramos bienvenidos porque nuestra llegada interfería con sus planes de salir rápidamente esa noche. Entonces pensé: *Si yo fuera el dueño de este restaurante, habría varios individuos que ya no trabajarían aquí. Sólo están interesados en sus propios asuntos, no en atender las necesidades de los clientes.*

¿SABE USTED QUIÉN PAGA SU SUELDO?

La beligerante camarera que finalmente nos atendió tenía un comportamiento tan agrio que decidí hablar con ella en cuanto a eso.

—Señorita, sé que usted está frustrada, pero tenemos hambre —le dije—. Entramos aquí a comer, y ustedes todavía están abiertos.

—Técnicamente, sí, todavía estamos abiertos —me respondió.

Su respuesta no sólo me incomodó, sino que también me inspiró. Entonces le hice una simple pregunta:

—¿Sabe quién paga su sueldo? —le pregunté.

—Sí, el jefe, el dueño —me respondió.

—No, él no les paga —le dije—. Los clientes les pagamos. El dinero que él les da viene directamente de nosotros. Ustedes creen que lo *sirven a él* y, por consiguiente, están listos para marcharse a casa. Pero, en realidad, debían estar pensando en *servirnos a nosotros*.

Las bancas de nuestras iglesias están llenas de creyentes que dicen que "sirven al Jefe", pero que nunca piensan en los perdidos. ¡No entienden el concepto de que el "cliente" que entra por la puerta de la "panadería de Dios", hambriento, quebrantado y necesitado de ayuda, constituye el propósito detrás de todo!

Le cantamos nuestras alabanzas al Jefe; inclinamos el rostro para honrarlo y semana tras semana cobramos nuestro "cheque de bendiciones" en tanto que rechazamos a los clientes porque éstos estropean nuestros planes de salir temprano de la tienda. Si Dios fuera un jefe terrenal, se preguntaría por qué su negocio no ha estado prosperando ni creciendo. Después de todo, Él pagó un alto precio para edificarlo en ese sangriento lote de terreno.

LA DIGNIDAD EN EL SERVICIO PUEDE SER DIFÍCIL DE LOGRAR

Usted y yo determinamos la atmósfera de la casa de Dios por la manera en que servimos a los demás. ¿Cómo es su servicio? ¿Lo realiza de mala gana o con dignidad y deleite? La dignidad puede ser difícil de lograr cuando aceptamos todas las condiciones del servicio piadoso.

Los siervos en tiempos bíblicos a menudo vestían poca o ninguna ropa. Según algunos de los libros de referencia históricos que he leído, no era raro que los siervos de esa época realizaran sus tareas ¡desnudos! No resulta fácil practicar la dignidad mientras se viva en la humillación.

¿Ha experimentado usted la "dicha" de ir a un hospital para hacerse investigaciones médicas y esperar en el pasillo mientras lleva puesta una de esas batas demasiado cortas con que se intenta cubrir mucho? Es difícil describir ninguna otra experiencia que tan repentina y eficazmente nos ponga a todos al mismo nivel.

Recuerdo la vez que me hicieron varios análisis durante mi examen físico anual. Me encontré vistiendo incómodamente lo último en la moda de batas de hospital, sentado al lado de otro caballero que estaba igualmente incómodo con su bata de hospital abierta detrás. Los dos nos vimos obligados a abandonar en la guardarropía nuestra posición en la vida. Había yo perdido mi dignidad como predicador, y él se había despojado de su dignidad como uno de los principales políticos de una nación en una isla del Caribe.

Bajo cualesquiera otras circunstancias, no creo que él me habría dicho ni la hora del día. Vivíamos en dos mundos diferentes. Sin embargo, ese día en particular, nuestros mundos chocaron en la indignidad de una sala de espera "carente de modestia", y de súbito nos hicimos amigos. De hecho, seguimos siendo amigos después de que reclamamos nuestra ropa y un poco de nuestra dignidad. Mi nuevo amigo hasta me ha confiado en ocasiones ciertos aspectos de su negocio en Estados Unidos cuando él no ha podido viajar acá.

Es difícil, aunque no imposible, practicar la dignidad mientras se vive en humillación. Los que soportan juntos la indignidad de la humillación a menudo disfrutan de un alto nivel de compañerismo. Si pudiéramos comprender que en Cristo somos *todos siervos*, se haría más fácil el desarrollo de relaciones duraderas.

NUESTRO SALVADOR MURIÓ EN UN ESTADO DE DESNUDEZ; NO OBSTANTE, MURIÓ CON DIGNIDAD DIVINA

Es este el equilibrio catalizador, la dinámica de la cruz: morir con dignidad mientras se vive en humillación. Recuerdo que un autor escribió acerca de "el desnudo esplendor de la cruz". Hoy la mayoría de los artistas pintan, por modestia, un calzón muy corto en el cuerpo de Jesús en la cruz. Mi entendimiento de la Escritura es que Él murió completamente desnudo al alcance de la vista de todos los que pasaban por allí; no obstante, murió con dignidad divina.

No es suficiente morir a la carne; debemos morir con dignidad. El servir nos obliga a que constantemente muramos a nuestra carne, a nuestro orgullo y a nuestros propios deseos y proyectos. Es la cruz de Cristo llevada hasta nuestra puerta... los requerimientos judiciales entregados diariamente. Si en fin de cuentas nos hacemos siervos, propendemos a hacerlo mientras nos escondemos tras un manto de arrogancia: *Tengo que hacer esto o al Jefe no le gustará que no lo haga.*

A veces la desnudez o la transparencia que requiere el servir puede resultar vergonzosa. Hace poco leí el proyecto preliminar de un libro escrito por una familia cristiana muy conocida, y comenté con ellos que estaba asombrado por la transparencia que exhibían en ese libro.

Vivimos y servimos a los demás de la misma forma en que posamos delante de una cámara fotográfica. Tal vez estemos completamente vestidos, pero siempre escondemos la barriga, hinchamos el pecho y levantamos la barbilla con la esperanza de salir lo mejor posible. La mayoría de nosotros no tenemos un físico esculpido por Miguel Ángel. Nuestro cuerpo tiende a aplanarse donde debía abultarse, y estamos definitivamente abultados donde debíamos estar planos.

Si piensa obedecer el llamamiento de Dios a servir, entonces en algún momento debe usted dejar de intentar esconder sus deformidades y sencillamente ser como es en realidad. Hemos sido llamados para decir: "Soy sencillamente un siervo, ¿en qué puedo ayudarlo?"

EL AMOR TORNA LO SERVIL EN MAGNÍFICO

Cuando lo hacemos apropiadamente, ¡tornamos lo servil en algo magnífico! Imagínese conmigo la ruda mano de un jardinero, mientras la pasa tiernamente por la frente de su querida esposa durante sus últimos días juntos. Aunque ella esté postrada y sea incapaz de responder ni podrá reciprocarle jamás otra vez sus amorosas miradas o tiernas caricias, el tierno servicio de su esposo la dignifica en medio de su dolor. Innumerables veces he observado increíble dignidad al borde de un lecho de muerte. Incluso la visión de la amorosa mano de un conserje que limpia un rostro con un paño fresco —una labor aparentemente servil— se transforma en un magnífico acto que me hace derramar lágrimas.

Jesús, Señor de nuestra casa, literalmente nos ha confiado su fama a nosotros como sus siervos.[1] Debemos aprender a movernos en el gozo de servir a los demás con dignidad y deleite, para que no nos volvamos un tropezadero para los que le buscan.

HABLA DAVID

Durante un viaje a Londres, mi hijo Ron y yo recibimos de una fuente inesperada una sorpresiva lección en la belleza de la dignidad. Para deleite nuestro, vimos venir marchando hacia nosotros a los guardias granaderos con sus legendarias casacas de color rojo brillante y sus altos sombreros negros.

Eso era suficiente para estremecernos, ¡pero entonces su banda comenzó a tocar "Feliz Cumpleaños"! Para sorpresa nuestra, de repente apareció la reina Madre.[2] Era su cumpleaños, y esa estimada anciana madre de la nación que frisaba en los noventa años celebró su onomástico entremezclándose con la multitud en las calles de Londres. Al mirarla, me impactó profundamente la *dignidad* de su porte, incluso en medio de una multitud.

JESÚS SIRVIÓ CON DIGNIDAD Y DELEITE

La dignidad es algo que esperamos de la realeza, pero que raramente asociamos con la servidumbre. Jesús fue rey, pero también fue un siervo que se condujo con dignidad y deleite. Me acordé de eso cuando hice escala en Texas en mi viaje a Haití después de la invasión de ese país por las fuerzas armadas de la ONU y de Estados Unidos.

Me encontré con mi amigo Max Greiner y tuve el privilegio de ver su hermosa escultura "El Siervo Divino". Su estatua de bronce de tamaño natural de Jesús que le lava los pies a Pedro ha ganado aclamación alrededor del mundo. Mientras observaba yo la estatua y consideraba al hombre de fe que la diseñó, comprendí que la escultura de Max no era una simple obra de arte. Después que regresé a África del Sur, le dije a Carol: "Es mucho más que arte. Es una declaración profética… similar a la que hacemos con la cruz y el lebrillo". (Le dije eso en parte porque observé que cuando Max empezaba a orar por las personas próximas a esa pieza de arte, comenzaban a ocurrir milagros.)

Servir con dignidad y deleite 59

Servir no debe ser algo que hagamos, sino algo que seamos.

Varias semanas después, el Señor me desafió con las palabras: "Durante años, has visto a muchos miles de personas llegar a conocerme. ¿Has visto ciudades enteras tener avivamiento, pero *dónde están todos los siervos*?" Comencé a luchar en oración con esa pregunta y finalmente sentí que el Señor me hacía una promesa: "Si eres fiel en hacer lo que estoy a punto de mostrarte, entonces *verás una cosecha de miles de siervos*."

Estas palabras me impulsaron a orar y ayunar durante doce días, y el Señor empezó a engendrar en mí el concepto de que el servicio es una celebración. Me dijo: "Ahora ve y muéstrale a la gente que es un *deleite*."

Muchos no sirven en su iglesia o en las calles porque su concepto de los que sirven es el de una aburrida ancianita de cara agria con el cabello canoso recogido en un moño. El estereotipo no es cierto ni tampoco justo... Conozco a muchas ancianitas muy motivadas y talentosas que llevan su cabello recogido.

EL SERVICIO PIADOSO ES UN DELEITE DIVINO

Cuando continué esperando en el Señor, Él me guió a reflexionar en los grandes siervos de la Biblia. Ninguno de ellos consideró que el servicio a Dios o a los demás fuera una labor agotadora; servir para ellos era un deleite divino:

Rut *se deleitó* en servir a Noemí.

Jesús *se deleitó* en servir a sus discípulos.

José *se deleitó* en servir a Faraón.

Eliseo *se deleitó* en servir a Elías.

Timoteo *se deleitó* en servir a Pablo.

David *se deleitó* en servir en las cosas de su Dios.

Todos ellos consideraron que era un honor servir, porque **el servicio debidamente realizado no es una labor agotadora, sino algo digno y deleitoso.**

El Señor también me reveló que el servir *no debe ser algo que hagamos, sino algo que seamos*. Eso ocurre cuando nos consagramos a los principios del servicio sacrificado a Dios y le permitimos cambiar nuestro "ADN" espiritual, y transformarnos en siervos ungidos de Él.

La vida de José proporciona uno de los cuadros más completos de servicio piadoso en la Biblia. Podemos pensar en José como el jovenzuelo que vestía una túnica multicolor que fue echado en un pozo o como el intérprete de grandes sueños o como un gran gobernante. *José fue todo eso, pero sus más grandes logros los obtuvo cuando fue un siervo.*

José sirvió en dos esferas principales: siervo personal de otros y siervo de su propia familia. Su ministerio de servicio familiar tuvo un comienzo difícil después que soñó —cuando era un jovenzuelo— que sus hermanos mayores un día se inclinarían ante él. Imprudentemente compartió la revelación con sus hermanos y fue a parar al fondo de un pozo y luego fue vendido como esclavo.

HIJO POR NACIMIENTO Y SIERVO POR RENACIMIENTO

José no entendió en su juventud lo que claramente entendió en su madurez. Cuando Tommy y yo hablamos sobre eso, él me lo explicó de esta manera:

> En realidad no se puede pasar de ser hijo a ser soberano. Uno debe pasar de ser hijo a ser siervo, y de ser siervo a ser *un soberano que es hijo por nacimiento pero siervo por renacimiento*. José no fue directamente al trono de regente de Egipto, sino que pasó a la cima a través de la entrada del siervo. Siglos después, Jesús dejó su trono en el cielo, pasó a través de la entrada del siervo y tomó su toalla de servicio antes de ofrecer su vida por nosotros en la cruz. Sólo entonces ascendió Él de nuevo a su trono a la diestra del Padre.

José se graduó de su pozo en el desierto a la posición de esclavo. Con todo, la Biblia dice que encontró favor y fue promovido a *siervo personal* de Potifar, capitán de la guardia del rey de Egipto: "Así halló José gracia en sus ojos, y *le servía*; y él le hizo *mayordomo* de su casa y entregó en su poder todo lo que tenía. Y aconteció que desde cuando le dio el encargo de su casa y de todo lo que tenía, *Jehová bendijo la casa del egipcio a causa de José.*[...]"[3]

José tenía un verdadero corazón de siervo, y Dios prosperó todo lo que él tocaba. Con todo, hasta las personas piadosas a veces pasamos por pruebas y tribulaciones. Cuando la esposa de Potifar intentó propasarse con José, él resistió sus provocaciones. Cuando ella lo acusó falsamente de haber intentado violarla, José se vio encerrado en prisión injustamente. A pesar de todo, su *servicio* continuó.

Un corazón de siervo siempre sale triunfador

Dios le dio favor a José con el capitán de la guardia de la prisión, el cual *puso a José a cargo de todo en ella* y ni siquiera se preocupaba de supervisarlo.[4] Luego el jefe de los coperos y el jefe de los panaderos del rey ofendieron a su señor y fueron a parar a la prisión real junto a José. La Biblia dice: "Y el capitán de la guardia encargó de ellos a José, y él les servía; y estuvieron días en la prisión."[5] (Tommy me preguntó: "¿Hasta qué punto tendrá que ser mala la comida de un cocinero para que éste vaya a parar a la cárcel?")

El corazón de siervo de José lo hizo triunfar vez tras vez, bien fuera que estuviera sirviendo en una casa privada o en una celda de la prisión. Dios le dio un agudo entendimiento con respecto de los sueños del copero y del panadero, y sus dos interpretaciones se cumplieron. El panadero malo fue ahorcado y el copero fue restaurado a su anterior posición honrosa. Pasaron dos años antes de que el copero se acordara de José y se lo mencionara al rey, el cual estaba siendo perturbado por malos sueños. José interpretó los sueños del rey con exactitud y fue designado primer ministro —a la edad de treinta años— sobre todo Egipto.[6]

José sabiamente almacenó reservas de comida en todas las ciudades de Egipto durante los siete años de abundancia revelados por Dios en el sueño de Faraón. Los siguieron siete años de severa hambruna, lo cual fue también revelado por la interpretación de José del sueño de Faraón. José se condujo como un *siervo fiel* en todas sus responsabilidades, aun cuando tuvo más poder que ningún otro en Egipto, excepto el propio Faraón, y Dios bendecía todo lo que hacía. Cuando la hambruna golpeó a la familia de José, ellos oyeron hablar de la abundancia de comida en Egipto. Jacob, padre de José, envió allí a 10 de los 11 hermanos de José en una misión de comprar comida.[7]

Cuando introdujeron a los hermanos de José en su presencia, ellos no lo reconocieron, porque suponían que él estaba muerto.

José no les reveló su identidad, sino que, en vez de ello, acusó a sus hermanos de espías. José finalmente consintió en proporcionarles el grano a los hijos de Jacob, pero les exigió que regresaran a casa y le trajeran a su hermano menor. Entonces tomó a Simeón, el segundo de más edad de los hermanos, y lo retuvo en Egipto a fin de garantizar el regreso de ellos.[8]

Luego de una serie de pruebas asombrosas, los hermanos regresaron con mucho temor a Egipto acompañados de Benjamín, su hermano menor. José convino en recibirlos en su propia casa y tenía una comida preparada de antemano para la llegada de ellos. Lo que luego sucedió define cómo actúa el verdadero corazón de un siervo sin que le importen el nivel social o las circunstancias.

José sirvió a su familia

Después de una dramática reunión, cuando José les reveló su identidad a sus hermanos, les dijo:

> Y Dios me envió delante de vosotros, *para preservaros posteridad sobre la tierra, y para daros vida por medio de gran liberación*. Así, pues, no me enviasteis acá vosotros, sino Dios, que me ha puesto por padre de Faraón y por señor de toda su casa, y por gobernador en toda la tierra de Egipto. Daos prisa, id a mi padre y decidle: Así dice tu hijo José: Dios me ha puesto por señor de todo Egipto; ven a mí, no te detengas. Habitarás en la tierra de Gosén, y estarás cerca de mí, tú y tus hijos, y los hijos de tus hijos, tus ganados y tus vacas, y todo lo que tienes.[9]

José **sirvió** fielmente **al mundo** cuando estaba en casa de Potifar, y en la prisión de Faraón y en el palacio de éste. Al final, también **sirvió a su familia** con la misma piadosa fidelidad. ¿Hacemos lo mismo o estamos principalmente sirviéndonos a nosotros mismos? He observado que hay cuatro características bíblicas de un verdadero siervo que son vistas fácilmente tanto por santos como por pecadores. Debemos hacer una autocomprobación de nuestra vida para ver si alcanzamos los niveles de servicio de Dios. Yo llamo a estas características: "Cuatro maneras de reconocer a un siervo."

1. *Un siervo sirve gozosamente.*

El libro de Isaías dice: "He aquí que mis siervos *cantarán por júbilo* del corazón[...]."[10] Cualquier siervo que reconozca a Aquel a quien sirve estará gozoso. Jesús dijo que debemos hacerlo todo

Servir con dignidad y deleite 63

como si estuviéramos haciéndolo para Él.[11] Como verdaderos siervos, siempre debemos servir con gozo espontáneo para que nuestro servicio de amor continúe siendo una *dignidad y un deleite*.

Tengo un amigo pastor en Durbán, África del Sur, que salió con su esposa en un viaje extendido durante aproximadamente seis semanas. Cuando regresó, esperaba con entusiasmo recibir en el aeropuerto una calurosa bienvenida por parte de su familia y de los ancianos de la iglesia. Pasaron la inspección de la aduana y recogieron su equipaje, pero nadie parecía estar esperándolos.

Entonces mi amigo notó a un hombre con sombrero de copa, guantes blancos y un frac formal. ¡Éste sostenía un pequeño letrero *con el nombre de mi amigo escrito*! Mi amigo se preguntó si habría algún error, pero al fin decidió presentarse. El hombre le dio las gracias y rápidamente recogió sus maletas y las llevó a una limusina Rolls Royce estacionada a la salida del aeropuerto. El pastor y su esposa se sentaron en la parte de atrás y la Rolls Royce partió rumbo a su casa.

Para ese entonces mis amigos reían como dos adolescentes en camino a un baile de gala. Cuando la Rolls Royce llegó a la casa, observaron una bonita alfombra roja que iba desde la limusina hasta la puerta del frente de la casa. Al entrar en ella, todos los líderes de la iglesia estaban esperándolos para darles la sorpresa.

Las mesas estaban bellamente adornadas con maravillosos pasteles y la más fina vajilla. Después de una inolvidable celebración de regreso al hogar y sólo veinte minutos de compañerismo, los ancianos anunciaron que era hora de que ellos se retiraran. Los líderes de la iglesia limpiaron rápidamente la casa y la cocina y con la misma rapidez salieron, tal como habían prometido... dejando detrás al pastor y a su esposa completamente refrescados, los cuales le daban gracias a Dios por los siervos de su iglesia. Los siervos espontáneos y gozosos traen frescor y nuevas fuerzas a los que ellos sirven.

El gozo de servir se manifestó de otra forma en una pequeña aldea en Natal, África del Sur. Visité una iglesia local que tenía un bello auditorio que sentaba a 500 personas, el cual era bastante grande para el tamaño del pueblecito. La construcción de ladrillos era tan impresionante que se lo mencioné a los miembros de la congregación. Para mi sorpresa, me dijeron que ellos mismos lo habían construido. Eso usualmente significa que la congregación contrata a un arquitecto y colabora con él para preparar los planos, y luego recauda los fondos y contrata a una compañía de construcción para edificarlo. Al preguntarles acerca de eso, me dijeron: "No, lo construimos con nuestras propias manos."

La mayoría de los veteranos de las comisiones de construcción de iglesias nos dirán que proyectos de esa índole casi siempre generan una abundancia de disputas. Cuando les pregunté a mis anfitriones cómo su congregación construyó el edificio de la iglesia, me dijeron que se reunían todos los sábados para trabajar en el proyecto. Algunos de los hombres mezclaban el hormigón, otros empujaban las carretillas, y otros colocaban los ladrillos. Las damas traían comida en canastas de merienda y confraternizaban entre ellas mientras los niños jugaban.

Cuando me contaron que esto prosiguió todos los sábados durante dos años, supuse que debió de haber sido un tiempo bastante turbulento en su historia y les dije: "Me imagino que ustedes se habrán alegrado cuando todo terminó." Su respuesta no fue la que yo esperaba. "No, por el contrario, sentimos mucho cuando todo se terminó. *Nos gustaba tanto la confraternidad.*"

Fue un *gozo* para los miembros de la iglesia servir al Señor y unos a otros todos los sábados durante 104 semanas, porque hacerlo constituía *una dignidad y un deleite*. Eran siervos verdaderos que servían con gozo.

2. Un siervo nunca pregunta: "¿Cómo puedo yo sacarle ventajas?"

José el siervo escogió bendecir tanto durante el tiempo en que se halló en su lugar más bajo en Egipto, como cuando Dios lo levantó al lugar más alto en ese país bajo Faraón. Él nunca preguntó: "¿Cómo puedo yo sacarle ventajas?" Sencillamente eligió tomar el manto de siervo dondequiera que se encontrara, bien que estuviese en una prisión o en el palacio de Faraón. A Dios le interesan *los líderes siervos*. Jesús, el Hijo de Dios, se convirtió en nuestro máximo ejemplo de liderazgo de servicio desinteresado en acción.

Hace varios años tuve el privilegio de llevar la cruz y el lebrillo desde las cataratas de Victoria (el equivalente en África a las cataratas del Niágara en América del Norte) hasta Lusaka. Tardaría aproximadamente dos meses y medio en cubrir esa distancia de varios cientos de millas. Necesitaba un intérprete y, luego de pocos días, Dios me envió a Vorster, un hombre de cuna humilde desconocido para mí. Ya él tenía empleo, pero no ganaba mucho allí. (Más tarde me confió que él y su esposa sólo comían carne dos veces al mes ... uno de los días comían pollo y el otro, pescado. Se sostenían con maíz y frijoles el resto del tiempo.)

Vorster estaba tan determinado a servirme que tomó licencia sin pago para caminar conmigo como mi intérprete. Jamás me preguntó ni una sola vez: "¿Cómo me beneficiaré yo?", a pesar de que afrontamos dificultades de distinta índole durante nuestro recorrido de trece semanas.

Carol finalmente se nos unió al acercarse el fin del viaje, y a la larga los donativos empezaron a llegar conforme las personas se enteraban de la misión. Al final, Carol y yo hicimos inventario de nuestra economía y convinimos en que queríamos bendecir a Vorster. Él jamás había pedido ninguna compensación, pero sentimos al Señor decir: "Denle todo lo que tienen a Vorster; sólo guarden suficiente dinero para comprar la gasolina que necesitan para llegar a casa."

Tomamos inmediatamente todo lo que teníamos y se lo dimos a Vorster en obediencia a la orden de Dios. ¡Más tarde supimos que el donativo equivalía a nueve meses de sueldo para él! El Señor determinó bendecir a su siervo Vorster porque él nunca había preguntado: "¿Cómo me beneficiaré yo?" Francamente, nos deleitó más a nosotros que a Vorster. Nos sentimos como los padres que están demasiado emocionados para abrir sus propios regalos debido a la satisfacción que sienten por haber podido comprarles regalos a sus hijos.

3. El siervo busca oportunidades de servir.

Un siervo busca oportunidades de servir en vez de oportunidades para destacarse o ganar aprobación. Nuestro amigo Tom era un joven *surfer* británico que originalmente vino a África del Sur en busca de un buen sitio para practicar *surfing*. Con su larga cabellera rubia y el cuerpo bronceado por el sol, parecía más bien haber surgido de una revista de modelos.

Cuando Tom hizo su aparición en la ciudad costera surafricana de East London, era un hombre de veinticinco años de edad que andaba en busca de "la ola perfecta". De alguna manera, cuando estaba sobre las olas, Dios echó mano de él y transformó su vida.

Al recorrer las calles de East London, África del Sur, empezó a observar a todos los niños callejeros a quienes la mayoría de las personas no les prestaban atención. La mayor parte de ellos hablaban xosa (que se pronuncia "josa"), el idioma de la tribu predominante en esa región. Aun cuando Tom al principio no podía hablar esa lengua, entró en los grandes tubos del alcantarillado de aguas pluviales en los que estos niños habitaban y se ganó la amistad de ellos. La mayoría de "los niños de Tom" también estaban en peligro porque aspiraban humos tóxicos de un pegamento derivado del petróleo y consumían bebidas alcohólicas muy venenosas que se podían adquirir con mucha facilidad en las calles.

Tom no podía dejar desamparados a los niños, así que habló con funcionarios de los ferrocarriles nacionales. Ellos le consiguieron algunas estructuras en forma de iglú (las cuales él juntó con tornillos y tuercas) para albergar a los niños. Luego consiguió la ayuda de una maternal señora para que se encargara de cuidarlos.

Más tarde pudo recaudar suficiente dinero para construir dormitorios adecuados y un plantel en el cual educar a los niños (pues, cuando los encontró, la mayoría de ellos jamás había ido a la escuela). También consiguió la ayuda de algunos maestros que pusieran a los niños a la par de los niveles educativos oficiales, a fin de que pudieran ingresar en las escuelas normales de la zona.

Al cabo de pocos años, Tom había limpiado la mayor parte de las calles y provisto de un ambiente de vida piadoso para la mayoría de los niños desamparados de East London. En el proceso, gran parte de ellos recibió a Jesús como su Salvador. Ya para esa época Tom incluso hablaba xosa tan bien como los habitantes locales. Era sencillamente un joven *surfer* que al principio no sabía nada acerca de su llamamiento, pero que le dijo que sí al Señor. Tom era un siervo de corazón *porque buscaba oportunidades de servir.*

4. Un siervo sirve cuando nadie lo está mirando.

Es más importante andar con integridad en privado que en público. Carol y yo creemos que lo que hacemos en nuestra propia casa cuando nadie nos está mirando es más importante que lo que hacemos para que lo vea el mundo entero. La razón es sencilla: Dios está más interesado en la pureza de nuestro corazón que en nuestros logros en público en favor de las personas.

Eso me recuerda al pastor asociado principal de nuestra iglesia hogar que también trabajó como mi administrador durante algunos años. La congregación local incluye aproximadamente a 2.000 adultos y la sirven 13 miembros de la plantilla pastoral a jornada completa.

Dios está más interesado en la pureza de nuestro corazón que en nuestros logros en público.

Una noche fuimos anfitriones de una reunión con un prominente invitado internacional. La reunión se prolongó bastante, pero al terminarse ésta aproximadamente quince de nosotros fuimos a cenar a un restaurante local de parrillada. Era alrededor de la medianoche y estábamos pasándola muy bien. Entonces me di cuenta de que nuestro estimado amigo, el administrador Keith, no estaba allí. Su esposa sí estaba presente, así que le pregunté dónde estaba él. Ella me respondió: "Oh, se quedó en el templo para poder preparar el auditorio y poner en orden las sillas para la reunión de mañana." Cuando le comenté que teníamos un conserje y otros miembros del personal de la iglesia que podían hacerse cargo de eso, ella me dijo: "Él sencillamente sintió que quería hacerlo."

Keith estaba fuera de su casa en la iglesia trabajando a medianoche y nadie más se habría enterado si yo no hubiera preguntado. Él lo hacía porque tiene un verdadero corazón de siervo. *Lo que cuenta es lo que hacemos cuando nadie nos está mirando.*

Cuando voy a Inglaterra, me alojo a menudo con un estimado amigo, Gerry Armstrong. Temprano en nuestra relación observé que Gerry tenía un estilo de vida singular. Al amanecer se levantaba para hacerse una taza de té y algo de desayuno. Cuando terminaba, hacía otra taza de té y porciones de desayuno y lo ponía todo en una bandeja. Entonces llevaba la bandeja a la casa de al lado y le servía el desayuno a una señora llamada Dorrie que frisaba en los noventa años. Mientras estaba allí, antes de salir para el trabajo, él siempre se aseguraba de que todo estaba funcionando y en buen orden en casa de Dorrie.

Al regresar a casa por la tarde, hacía una taza de té para su esposa y entonces preparaba otra bandeja, la cual le llevaba a Dorrie de nuevo. Antes de irse cada tarde, inspeccionaba cuidadosamente otra vez la casa de la anciana para cerciorarse de que todo estaba en orden allí dentro.

Un día le dije: "Gerry, aparte de tu salvación en Jesús, la manera en que sirves a esta estimada anciana cuando nadie te está mirando será recordada en el cielo. Tú estás siendo Jesús para ella."

Este principio —la importancia de lo que hacemos cuando nadie nos está mirando— es especialmente verdadero en la esfera del ministerio. Muy a menudo, después de que nosotros ministramos como invitados en cultos de la iglesia alrededor del mundo, se nos acercan jóvenes entusiastas para ofrecernos sus servicios para nuestro próximo recorrido o misión. Su entusiasmo es noble, pero muy pocos de ellos son conscientes del costo del discipulado.

En raras ocasiones compartimos con las congregaciones de la iglesia las realidades de las dificultades y del dolor que soportamos en el campo ya que nuestra meta principal es animarlos. Por consiguiente, pocas personas se dan cuenta de que el ministerio es mayormente arenisca y no mucha gloria. Recuerdo la ocasión en que viajaba yo en un país tercermundista con un intérprete que tuvo un accidente y una noche se ensució en la cama. Estaba tan avergonzado que se desapareció porque sentía que no podía presentarse ante mí.

El Señor me dijo que lavara su ropa de cama, aunque ésta estaba en una condición que daba asco. Obedecí al Señor y luego colgué las sábanas para que se secaran. Después le arreglé la cama al intérprete con las sábanas que olían a limpio, y esa tarde él regresó. El Señor me dijo que sencillamente bendijera a ese precioso hombre, y que el amor cubriría su falta. La mayoría de los creyentes que raramente ministran fuera de su iglesia no ven la otra cara del ministerio. No ven las veces cuando la gente lo escupe y lo maldice a uno. Pero *lo que cuenta es lo que uno hace cuando nadie lo está mirando.*

"HAGAN COMO YO HAGO"

El día que Jesús les dijo a los discípulos que su hora había llegado, Él hizo lo que nadie en la habitación jamás habría esperado que hiciera: Se despojó de su vestimenta exterior y usó la toalla de un siervo para lavar los pies de su discípulos. Después dijo:

> Pues si yo, el Señor y el Maestro, he lavado vuestros pies, vosotros también debéis lavaros los pies los unos a los otros. Porque *ejemplo os he dado*, para que *como yo os he hecho, vosotros también hagáis*.[12]

Jesús prosiguió a decirles que ellos *serían bienaventurados si hacían estas cosas*.[13] La palabra del Señor es verdadera. Si queremos disfrutar de verdadero gozo en nuestra vida, necesitamos tener corazón de siervos.

¿No han observado que todo parece ser "ligero" en estos días? Tenemos margarina ligera, Coca-cola ligera, cerveza ligera e incluso están comercializando ciertas barras de dulce ligero. La dificultad radica en que para hacer "ligero" a algo, tenemos que sacar de la fórmula un ingrediente esencial y luego introducir una sustancia que lo sustituya para crear la impresión de que el producto es el mismo. Lo que se pretende es que sepa lo mismo aunque no tenga los ingredientes correctos. Al mundo le gusta ofrecernos algo que nos permita complacer nuestros sentidos, pero no nos dicen lo que cuesta.

Uno sencillamente no puede tener cristianismo sin servicio. Cualquier (así llamado) evangelio cristiano que cuando se predica no transforma la vida carece de poder. Si se toman en cuenta el incomparable e imparable poder de la cruz y del corazón de siervo de Jesús, entonces cualquier evangelio desprovisto de poder será por definición un "evangelio ligero". Algunos le han sacado tantos ingredientes que ya no queda ningún calor o fuego en él. Otros le han quitado el ingrediente central en tanto que declaran que su versión recortada es igual a la original. *No hay ningún camino corto que lleve al pie de la cruz.*

Jesús sabía que su hora había llegado. Sabía que había llegado al punto de su verdadero destino, y nada iba a detenerlo. ¿Dónde están las personas que Dios está levantando que sepan que su hora crítica ha llegado? ¿Dónde están los siervos que buscan a Dios sin descanso que piden con pasión desesperada: "¡No puedo vivir sin tu presencia, Señor! ¡No puedo vivir sin tu obra en mi vida!"?

Creemos que Dios va a empezar a manifestarse en proporciones gigantescas, mucho más que todo lo experimentado en el siglo pasado. No obstante, antes de que eso ocurra, Dios quiere que tomemos la cruz de Cristo y que renunciemos a nuestros planes carnales para que el servicio se convierta en *una dignidad y un deleite*. Es la única manera en que nuestra vida puede contribuir a ese fin.

No me interesa el "cristianismo ligero", y no tengo ningún deseo de ser un cristiano de peso ligero. Es la hora de lo que la Palabra de Dios llama "gemidos indecibles".[14] Eso describe la desesperación divina que experimentamos en el Espíritu cuando empezamos a orar silenciosamente: *Padre celestial, si Tú quieres cambiar a alguien, cámbiame a mí. ¡No me importa lo que tengas que hacer!*

Notas
1. Véase Romanos 2:24.
2. La reina Madre es la viuda del fallecido rey Jorge VI, y la madre de la monarca actual de la Gran Bretaña, la reina Isabel II.
3. Génesis 39:4,5 (cursivas del autor).
4. Véase Génesis 39:22,23.
5. Génesis 40:4 (cursivas del autor).
6. Véase Génesis 40:8-41:44.

7. Véase Génesis 41:46-42:3.
8. Véase Génesis 42:15-20.
9. Génesis 45:7-10, NVI (cursivas del autor).
10. Isaías 65:14 (cursivas del autor).
11. Véase Mateo 25:40.
12. Juan 13:14,15 (cursivas del autor).
13. Véase Juan 13:17.
14. Romanos 8:26.

CAPÍTULO CINCO

EL SERVICIO ES UNA ACTITUD DEL CORAZÓN, NO UNA APTITUD

HABLA TOMMY

Para la navegación aérea, los ajustes de altitud son una realidad de la vida tanto para los pilotos de aviones particulares como para los de comerciales. Esos ajustes pueden representar la diferencia entre un vuelo seguro y una caída mortal. Muchas veces cuando un piloto vuela sobre terreno nuevo, toma un nuevo rumbo o se prepara para terminar un vuelo, hace ajustes de altitud. Puede ser que necesite subir para evitar montañas u obstáculos o volar más bajo en preparación para el aterrizaje.

Hay también que hacer ajustes en la trayectoria de convertirnos en siervos. Pero tales ajustes son de la variedad de *la actitud* y son necesarios para permitirnos navegar adecuadamente a través del cambiante terreno del mundo alrededor de nosotros. El cambio es para nosotros una realidad de la vida, pero éste requiere que tengamos la visión de percibir nuestra necesidad de ajuste.

La compasión es la cuna en que nacen los milagros, y el corazón es la matriz de cada milagro que hemos de experimentar en esta vida. Antes de que Jesús, como Hijo de Dios, pudiera resucitar a Lázaro de los muertos, tuvo que llorar de dolor como hijo de hombre. *Si una situación no nos conmueve, entonces no podremos mover el cielo.*

Si anhela conocer "el problema que usted nació para resolver", puedo decirle que la clave de la respuesta radica en las cosas que incitan su más grande pasión.

Observe que la convicción lo persuade a usted a *que haga algo*. La convicción es una creencia que es lo suficientemente fuerte como para que uno muera o viva por ella. Se dice a menudo: "No tendremos una vida que valga la pena vivirla

Los fariseos son la prueba histórica de que es posible que individuos religiosos digan lo que es correcto en tanto que hacen lo que es incorrecto.

hasta que no encontremos una causa por la cual valga la pena que muramos."

Cristo murió para ser siervo; ¿qué vocación puede haber superior a esa? A menudo queremos que Dios *nos conserve* cuando lo que Él quiere hacer es *prepararnos*. Permítame expresarlo de esta manera: Si Él no escatimó a su propio Hijo, *quién se cree usted que es*? Servir es nuestra más alta vocación.

UN COMPROMISO, NO UN NOVIAZGO

La convicción nos persuade de que hagamos algo; y la acción lógica es el compromiso. En lo que a Dios se refiere, el compromiso no es un noviazgo, sino *un matrimonio*. Él no busca novia, sino esposa. Tristemente, hemos fracasado tan miserablemente en amarnos unos a otros que nuestro Señor dice: "Si alguno dice: Yo amo a Dios, y aborrece a su hermano, es mentiroso. Pues el que no ama a su hermano a quien ha visto, ¿cómo puede amar a Dios a quien no ha visto?"[1]

La fachada de los fariseos era que aparentaban ser religiosos y sus palabras sonaban correctas. El problema con los fariseos era la mano con la daga de la crítica despiadada escondida tras una religiosidad hipócrita. Los fariseos constituyen la prueba histórica de que es posible que los religiosos digan lo correcto en tanto que hacen lo incorrecto.

Durante siglos, las voces farisaicas de la iglesia han vociferado desde sus púlpitos lo que el mundo "debe ser" en tanta que los miembros y líderes de la iglesia a menudo no han hecho ningún esfuerzo por cumplir ellos mismos esas normas imposibles. Siempre que abrazamos la hipocresía religiosa de los fariseos, nuestra reputación sufre. La ironía es que si siguiéramos el ejemplo de Cristo y no procurásemos ninguna fama pública y nos convirtiéramos en siervos,[2] entonces de súbito la reputación de la iglesia y de todos en ella sería elevada a la estatura heroica del apóstol Pablo o de la madre Teresa.

El servicio es una actitud del corazón, no ninguna aptitud ocupacional como pilotear un avión.

HABLA DAVID

Es difícil, en el mejor de los casos, llevar algo a cabo cuando nuestro corazón sencillamente no participa en ello. En cierto modo, es aun peor cuando uno tiene que colaborar con alguien cuyo corazón no está puesto en lo que hace. La Biblia dice "Porque cual es su pensamiento en su corazón, tal es él.[...]"[3]

Mi hija Carynne pasó por esa prueba cuando era adolescente. Era una muchacha encantadora y decente en todo sentido, y Carol y yo habíamos hecho todo lo posible por criarla en los caminos del Señor. Carynne decía las palabras correctas, oraba las frases correctas e incluso hacía las cosas correctas. Aun así, era claro para nosotros que nuestra hija sencillamente lo hacía todo mecánicamente. Su corazón no estaba en ello.

Finalmente, le dije a Carynne: "Quiero liberarte de ser cristiana. De ahora en adelante, ya no tienes que ir a la iglesia. No tienes que hacer o que decir nada que sea 'cristiano' si no lo deseas. Me doy cuenta de que estás haciéndolo todo mecánicamente, y que no significa nada vital para ti."

Le expliqué que aunque había nacido de nuevo a la edad de cinco o seis años, ella necesitaba recibir a Jesús como adulto, ahora que había llegado a ser una muchacha. No podía edificar su vida sobre algo que su mamá y su papá habían querido que ella hiciera cuando pequeña.

A Carynne se le salieron las lágrimas y no podía creer que yo le hubiera dicho eso. Sabía que tomaba yo un riesgo calculado. No obstante, confiaba en ella lo suficiente como para permitirle que aceptara el reto sola.

En las semanas y meses que siguieron, observé un sorprendente cambio en la vida de mi hija. Recibió a Jesús de una manera adulta, y supo por ella misma que Él era el redentor de sus pecados y el amoroso Salvador que murió por ella.

Si mi acción le parece a usted algo condenatoria, puedo decirle que probablemente ha sido una de las cosas más difíciles que jamás haya yo hecho. No es para todos, pero era la voluntad de Dios para Carynne en ese momento. Al final, ese "amor severo" produjo fruto eterno.

Servir tiene que ver con la actitud del corazón. Usted hallará que es imposible servir a los demás según la voluntad de Dios a menos que su corazón sea cambiado, dominado y quebrantado por un encuentro con el Señor. Servir no tiene que ver únicamente con obras de caridad. Las logias y otras organizaciones cívicas realizan una excelente labor de llevar a cabo buenas obras, pero su labor no es ningún servicio bíblico. El verdadero servicio es una parte esencial de nuestro discipulado bajo Cristo. Todo se basa en *permitirle a Dios que cambie nuestro corazón*.

He descubierto por lo menos cuatro componentes clave o ingredientes esenciales que contribuyen a formar la actitud del corazón de un siervo: la compasión, la convicción, la dedicación y el amor.

LA COMPASIÓN

Muchas de mis aventuras en Dios con la cruz y el lebrillo ocurrieron después que el Espíritu Santo encendió compasión en mi corazón por un pueblo o situación en particular. Ocurrió cuando me enteré acerca de la crisis que enfrentaban las personas en Montserrat, una diminuta isla nación cerca de Antigua en las Indias Occidentales británicas.

Una súbita explosión volcánica damnificó la vida de aproximadamente 12.000 personas que habitaban en una isla de sólo cuarenta millas cuadradas de tamaño. En un momento de tiempo, una nación entera corrió el riesgo de su desplazamiento definitivo. Tan poco de su vida permaneció que muchos de los residentes fueron evacuados a lugares distantes esparcidos por todo el mundo.

Según pasaban los días, con cada reportaje noticioso que yo veía, crecía con más fuerza dentro de mí la compasión del Espíritu Santo por las personas devastadas de Montserrat. No podía deshacerme de ese sentimiento... ni siquiera por un momento. Finalmente supe que el Espíritu Santo quería que tomara una vez más la cruz y el lebrillo y realizara en esa diminuta isla nación una proclamación profética del amor de siervo de Jesús.

Sentí que yo debía compartir con Montserrat una antigua promesa de Dios: "Envió su palabra, y los sanó, y los libró de su ruina.[...]"[4] También me fue dada para compartir una segunda palabra de ánimo: "¿Quién nos separará del amor de Cristo? ¿Tribulación, o angustia, o persecución, o hambre, o desnudez, o peligro, o espada?"[5]

Nos sentimos agobiados inmediatamente

Un joven llamado Lee, que asistía a nuestra iglesia hogar en Port Elizabeth, África del Sur, decidió acompañarme en la misión a Montserrat. En seguida fuimos objeto de un ataque frontal del enemigo. A pesar de nuestros mejores esfuerzos por llegar a la isla, nos demoramos más de una semana en viajar; con todo, logramos volar hasta Antigua y allí abordamos un transbordador rumbo a la isla de Montserrat. Al aproximarse la embarcación, podíamos ver columnas de vapor que todavía subían a la atmósfera desde el volcán. Nos sentimos agobiados inmediatamente.

La severa devastación de la isla la hacía parecerse al paisaje inanimado de la Luna. Todos los que conocimos en la isla habían perdido algo precioso. La compasión nos consumía según escuchábamos historias interminables de desesperanza y desesperación. Sólo el mensaje de esperanza de Jesús podía llevar solaz a ese lugar.

Jamás olvidaré el sonido del ululante viento o el ruido producido por una sola plancha de metal, vestigio de un techo de zinc, cuando la brisa la hacía dar golpes. Todos los edificios que quedaban en pie en las peores zonas de Plymouth, la capital de Montserrat, se hallaban enterrados en polvo volcánico hasta el nivel de sus ventanas. En un sitio, el tejado de una de las casetas rojas de teléfono público apenas sobresalía de la superficie de polvo. Muchas de las calles llenas de escombros se hallaban desiertas.

Nos sentimos agobiados por lo que veíamos, pero era mucho peor el dolor que encontrábamos en las personas. Lee y yo decidimos visitar uno de los albergues provisionales en el extremo norte de la isla. Hablamos allí con una anciana que nos dijo que el río de lava del volcán enterró su casa literalmente y mató a dos de sus hijos. Lo había perdido todo; y cuando le pregunté qué le sucedería a ella, nos dijo: "Supongo que la vida tendrá que seguir su curso."

Una tarde conseguí que un hombre que había sido durante treinta años director de la facultad técnica de la universidad de Plymouth me montara en su vehículo. El volcán había enterrado completamente la universidad, y no había ningún plan o fondos disponibles para reconstruirla. Eso significaba que mi nuevo amigo estaba desempleado. También me dijo que los pies de su hijo estaban tan quemados por el río de lava que tuvo que ser trasladado a Canadá para que recibiera tratamiento especial y cirugía plástica.

Según ardía mi compasión profundamente dentro de mí, mi determinación de servir a estas personas continuó creciendo con

El servicio es una actitud del corazón, no una aptitud 77

más y más fuerza. Mi corazón había cambiado. Me sentía agobiado, pero no tenía alternativa en cuanto al asunto. *No podemos tocar vidas como estas y no sentir compasión.*

LA CONVICCIÓN

El poder de la convicción se manifiesta en virtualmente todo lo que hacemos en el reino de Dios, pero es especialmente importante cuando servimos. Yo aconsejo a menudo a las personas: "Cerciórese de que Dios le dijo que lo hiciera, porque llegará el día cuando usted tendrá que aguantarse del hilo más fino. Lo único que lo mantendrá inconmovible es que Dios le dijo que lo hiciera." *Sólo la convicción ordenada por Dios puede ayudarlo a perseverar en su llamamiento de siervo cuando todos los demás lo hayan abandonado.*

Me alegro de que Jesús esté más interesado en cómo terminamos algo que en cómo lo empezamos. El nivel de nuestra convicción puede determinar el éxito de nuestro servicio en su nombre. Tenemos que estar totalmente convencidos acerca de lo que sentimos que Dios nos ha llamado a hacer. La áspera realidad de esa verdad se hizo evidente durante un difícil recorrido de ministerio a través del país africano de Zambia. Una vez más, Vorster me sirvió de intérprete, y un amigo escandinavo me acompañó en el viaje.

La vida se nos hizo muy difícil después de haber caminado por más de un mes con un calor abrasador. Cada pueblecito que encontrábamos parecía ser más pobre y estar más devastado que el anterior. El agua y la comida escaseaban, e incluso cosas sencillas como una Coca-Cola (qué generalmente se consigue en África) a veces eran difíciles de comprar.

Conforme aumentaban las tensiones del viaje, el mero reto de la distancia que teníamos que recorrer empezó a agobiar a Vorster. Se sintió tan sobrecogido por la enormidad de la situación que decidió que no podía continuar. Entretanto, mi amigo escandinavo, quien era corredor de carreras de maratón, empezó a sentir la tensión de lo desconocido que enfrentábamos todas las noches. Sencillamente no sabíamos dónde o si podríamos dormir de día en día.

Ninguno de esos hombres podía ser considerado débil en manera alguna. Ambos eran hombres maduros de Dios que habían demostrado su fe y fortaleza en servicios anteriores al Señor. Eran intensamente fieles al Señor y a mí, pero no podían decidir si continuarían o abandonarían el recorrido. Un fin de semana decidí enviar a casa a mi fiel intérprete. Si no lo hacía, sabía que él se quedaría por pura lealtad a mí, incluso si quedarse lo perjudicaba. Le di suficiente dinero para que viajara en ómnibus y proveyese comida para su familia; bendecirlo era la intención de mi corazón.

Yo debo continuar porque Dios me dijo que hiciera esto

Luego le sugerí a mi amigo escandinavo que buscáramos el corazón de Dios para obtener dirección en cuanto al papel de él en el recorrido. Se echaba a llorar cada vez que yo lo miraba, pues no sabía qué debía hacer. Antes de que Vorster abordara el ómnibus, les dije a los dos compañeros míos que los amaba. Luego les dije "He decidido completar el recorrido y la misión, bien sea que ustedes continúen o no, porque Dios me dijo que hiciera esto." (Sabía que yo no podría tener éxito sin su ayuda. Expresaba mis *convicciones* en vez de mis *circunstancias*.)

Cuando mi amigo escandinavo y yo empezamos a orar la mañana siguiente después que Vorster saliera, sentí claramente al Señor decirme: "Envíalo a casa." Yo amaba mucho a mi amigo y sabía que él también me amaba; pero cuando compartí esto con él, siguió llorando y pude ver el alivio en su rostro.

A mí me significó un gigantesco paso de fe recaudar el dinero para comprar un boleto de avión internacional para que mi amigo regresara a casa, sobre todo desde el interior de Zambia. El día siguiente le hice una llamada telefónica urgente a mi amada esposa Carol, y le dije: "Necesito tu ayuda." Ella me preguntó acerca de la seguridad de la situación y yo le respondí que la tasaría en 50-50. Su inmediata reacción fue: "Estaré allí en cuanto pueda."

Sólo la convicción que viene del Espíritu Santo nos hará llevar a cabo con una actitud de corazón correcta los retos del servir.

A los pocos días mi amigo iba de regreso a su casa en Escandinavia y Carol se me había unido. Mientras tanto, cuando Vorster llegó a su casa, buscó el rostro del Señor y, al sentir convicción, entendió que tenía que volver a unírseme como mi intérprete. Carol, Vorster y yo llegamos al fin a Lusaka, capital de Zambia,

El servicio es una actitud del corazón, no una aptitud   79

con mucha fanfarria, que incluía cobertura de televisión y prensa, y una cálida bienvenida personal de un ministro del gobierno. ¡Hasta tuvimos el gozo de conducir al Señor a uno de los reporteros!

Vorster subsecuentemente regresó de pastor a Zimba, uno de los pueblecitos por los que caminamos durante nuestro extenso recorrido. Está haciendo un excelente trabajo para el Señor allí.

LA DEDICACIÓN

La dedicación (o entrega) es una palabra que nuestra generación trata como si fuera una palabra obscena. No siempre fue así. Antiguamente los individuos dedicaban sus carreras a las compañías, y éstas premiaban esa entrega con empleos seguros. Tengo un tío que comprendió el significado de la dedicación. Él laboró en un trabajo desde los 16 años hasta su jubilación a la edad de 65. Pero historias como esa han llegado a ser cada vez más raras. Vivimos en un mundo en el cual se echa todo al cesto de la basura. Los empleadores se deshacen de los empleados; estos —a su vez— se trasladan para cualquier otro empleo que les pague unos cuántos dólares más. Nos deshacemos de las tazas, los platos, los cuchillos, los tenedores y las servilletas; también de los pañales, los empleos, las amistades; del pastor y hasta del cónyuge.

Las personas sienten temor de comprometerse con el Señor, con el matrimonio, con las responsabilidades del trabajo y con la crianza de los niños. Una vez que dedicamos nuestra vida a Él, a menudo encontramos difícil mantener nuestra entrega; sobre todo si ello implica que podamos confrontar persecución o que se nos exija servir a los demás.

La Biblia menciona a un hombre de rara dedicación llamado Itai el geteo. Él y su banda de 600 soldados optaron por quedarse con David aunque el rey estaba huyendo de su propio hijo Absalom para salvar la vida. Cuando David le preguntó a Itai por qué se quedaba con él y lo instó a que se marchara a casa, Itai le respondió: "Y respondió Itai al rey, diciendo: Vive Dios, y vive mi señor el rey, que *o para muerte o para vida, donde mi señor el rey estuviere, allí estará también tu siervo.*"[6]

Durante la guerra del Golfo, conocí a un hombre que entendió el compromiso de servir a un nivel muy por encima de lo que la mayoría de nosotros jamás lo haremos. Él y yo nos conocimos en el pueblo de Adana, en el sur de Turquía, cerca de las fronteras con Siria e Irak. Los ejércitos de Estados Unidos y sus aliados lanzaban incursiones de bombardeo aéreo a Bagdad desde la base militar de Ingelik, cerca de Adana.

Lo que significa la cruz para los turcos musulmanes

Según un estimado nuestro, en ese momento apenas 300 personas seguían a Cristo en Turquía. En muchas maneras, Turquía es la cuna del cristianismo en el mismo modo que la nación de Israel constituye la cuna del judaísmo. Todavía hoy, Turquía es esencialmente una nación musulmana cerrada. La mayoría de los occidentales no comprenden que los turcos musulmanes ven a las personas que llevan una cruz y comparten las buenas nuevas de Jesús parecido a como los judíos ven hoy a los miembros de grupos neonazis que portan svásticas. Fue en Turquía donde los cruzados desembarcaron con cruces en sus cascos y escudos, y mataron a centenares de miles de turcos en nombre del cristianismo. Dicho de otro modo, si usted se aparece en las calles turcas portando una cruz y un lebrillo, se convierte en el enemigo público número uno.

Cuando me dirigía a Adana, atravesé Nicea, ciudad de la que tomó su nombre el credo cristiano llamado Niceno. Tristemente, no había allí virtualmente ningún rastro de cristianismo. Hallé la misma conspicua ausencia de cristianismo en Éfeso y en Antakya (Antioquía), dónde Pablo estableció la primera iglesia en lo que él llamaba Asia (la actual Turquía).

La guerra en la tierra que ocurría en esa región en ese momento palidecía en comparación con el viejo conflicto de siglos en las esferas celestes sobre Turquía. Satanás había matado a los cristianos, les había robado su fe y había destruido la obra realizada por los padres de la iglesia en siglos anteriores.

Después de mucha oración, sentí que el Espíritu Santo me impulsaba a llevar la cruz y el lebrillo desde Adana hasta Tarso, en el sur de Turquía, donde nació el apóstol Pablo. "Señor", le dije: "No puedo seguir sin intérprete." Aparte de mis conversaciones con soldados estadounidenses estacionados en la base aérea, no había yo oído hablar inglés durante dos semanas, ni me había tropezado con un solo cristiano en esa ciudad de casi un millón de habitantes (ni siquiera con una monja católica). Supe después que más sangre cristiana había sido vertida en esa región que en ninguna otra parte de Asia o del Medio Oriente.

Una mañana sentí al Señor decirme: "Sal a dar un paseo. Deja la cruz y el lebrillo detrás y sencillamente emprende una caminata."

Comprendí que él era musulmán

Salí bajo un clima de invierno helado y empecé a pasearme a lo largo de las calles. Para mi asombro, alguien detrás de mí dijo: "¿Cómo está usted?" en inglés. Cuando me di vuelta, vi a un turco joven que debe de haber tenido unos veintiún años de edad aproximadamente. Volvimos a emprender nuestro paseo y empezamos a hablar. Cuando me dijo que su nombre era Murat Ai, me figuré que se trataba de un musulmán. El Espíritu Santo "me tocó con el codo" y me dijo: "Este es tu hombre"; y yo protesté silenciosamente: *Es musulmán, Señor.* Una vez más, el Espíritu me dijo: "Él es tu hombre."

—Murat —le pregunté—, ¿usted alguna vez ha dado una caminata larga?

—Claro que sí —me respondió—. He dado una vuelta alrededor de Adana.

—No —le dije—. Quiero decir una caminata muy larga.

—¿A dónde quiere usted ir?" —me preguntó.

—A Tarso; y necesito que usted camine conmigo de intérprete.

Cuando Murat me preguntó por qué no quería yo tomar el ómnibus, sabía que no podía decirle que era porque el Señor me había dicho que fuera caminando. Sencillamente le repetí que quería ir caminando, y él me preguntó que cuánto le pagaría. Hicimos un trato en dólares estadounidenses, y comprendí que tenía que contarle toda la historia antes de que pudiera pedirle que se asociara con un misionero cristiano.

Él nunca había oído el nombre de Jesús

—Murat —le dije—, hay algo que debe usted saber. Voy a llevar una cruz de madera con un lebrillo.

—No hay problema —me dijo—. Se trata de un negocio.

Todavía seguí diciéndole:

—Otra cosa que necesito decirte es que voy a estar hablándoles a las personas acerca de Jesús.

—Y ¿qué es eso? —me preguntó. ¡Él nunca había oído el nombre de Jesús!

No entré en demasiados detalle en ese momento. Sabía que él aprendería con rapidez una vez que empezáramos a caminar.

Cuando unos días después dimos inicio a nuestro largo, frío y tedioso recorrido, sentí que el Señor me decía que llevara la cruz y el lebrillo sin ensamblar a través de la ciudad. Él me prometió mostrarme dónde ensamblarlo. Seguí esas instrucciones, y cuando llegamos a un lugar solitario fuera de la calle principal, me di cuenta de que yo había encontrado el lugar en el cual poder ensamblar la cruz y el lebrillo.

Me hinqué de rodillas para atornillarlo todo y, al volverme, pude ver un círculo de zapatos y botas que nos rodeaba. Mi corazón empezó latir aceleradamente y Murat se tambaleaba nerviosamente como un sauce cuando lo bate la brisa. No obstante, nos recuperamos con rapidez de ese momento de ansiedad (y de otras pruebas similares que nos ocurrieron durante el viaje).

Raptados y desnudados

En cierta ocasión fuimos raptados por un grupo de soldados y despojados de todo lo que teníamos hasta quedarnos sólo en ropa interior. (Más tarde pudimos recuperar las cosas más esenciales.)

El suceso más significativo del viaje ocurrió en la parte de atrás de un diminuto garaje en el cual habíamos acampado durante la noche. Me volví hacia Murat y le dije: "Quiero hablarte acerca de Jesús." Se sentó y escuchó pacientemente durante tres horas mientras yo compartía con él el asombroso plan de salvación que Dios ha diseñado para nosotros a través de Jesús. Le expliqué cómo Jesús vino a la tierra para libertarnos y que Él es el único y verdadero Dios viviente.

Cuando terminé, le pregunté a Murat lo que pensaba. Él sencillamente dijo:

—Quiero recibir a Jesús como mi Señor y Salvador.

—Antes de que lo hagas —le dije—, quiero aclararte algunas cosas. Lo más probable es que tu familia te repudie; tus amigos te rechacen, y probablemente mueras debido a la decisión que estás a punto de tomar.

—Lo sé —me contestó Murat—, pero según lo que he visto y he oído, *sé que es la verdad*.

Calenté un poco de agua con nuestra pequeña lámpara de queroseno y cuando él se sentó con sus pies en el lebrillo, rindió su corazón a Jesús. Entonces le di a Murat una pequeña Biblia que yo había pasado de contrabando al país. Estaba escrita en su propio idioma. Él leía la Palabra por lo menos tres horas al día y constantemente me hacía preguntas. Nunca antes había yo visto tanta dedicación y hambre por las cosas de Dios.

Murat se quedó a mi lado todo el tiempo que duró la guerra del Golfo, e incluso caminó hasta el Kurdistán conmigo. Después que le rindió su corazón al Señor y comprendió que era mi hermano en Cristo insistió en servir al Señor a mi lado ¡sin cobrar nada!

El servicio es una actitud del corazón, no una aptitud 83

¿Volveré a ver a mi familia de nuevo?

Todas las mañanas, durante las largas semanas de la guerra del Golfo, leía yo las palabras que Pablo les escribió a los filipenses y enjugaba las lágrimas que me venían a los ojos: "Porque para mí el vivir es Cristo, y el morir es ganancia."[7] Leí esas palabras sin saber si volvería a ver de nuevo a Carol y a mis hijos. Fue el versículo siguiente el que me dio fuerzas para seguir: "Mas si *el vivir en la carne resulta para mí en beneficio de la obra*, no sé entonces qué escoger."[8]

Sencillamente, no estaba yo preparado para vivir en la mediocridad, ni tampoco lo estaba mi nuevo convertido. Durante nuestro recorrido, a menudo viajábamos en los autobuses locales y nos sentábamos entre los pasajeros que vestían su ropa islámica acostumbrada. Debido a que yo era tan notablemente diferente, muchas veces le preguntaban a Murat acerca de la naturaleza de mi visita. Él hacía todo lo posible por desviar la atención, pero todo el tiempo éramos conscientes de que en cualquier momento alguien podía clavarnos un puñal por la espalda.

En la última noche de la guerra del Golfo, Murat decidió bajar del ómnibus y visitar a algunos de sus parientes en una de las aldeas de la ruta. Cuando estábamos como a media hora de la aldea, me dijo:

—Dave, ¿podría yo hacer dos cosas con usted antes de que abandone el ómnibus? Me gustaría que oráramos y que leyésemos la Palabra de Dios juntos.

Dando tumbos en la oscuridad de la noche en ese autobús turco, leímos la Palabra de Dios usando una pequeña linterna eléctrica. Luego nos tomamos de las manos y oramos, dándole gracias a Dios por su misericordia sustentadora. Nunca olvidaré a ese joven turco llamado Murat, quien en medio del peligro reflejaba un corazón de siervo dedicado.

EL AMOR

¿Ha oído usted este adagio popular: "Las personas no se interesarán en cuánto usted sabe hasta que no sepan cuánto le interesa a usted el asunto"? Es más que un buen refrán; es un *refrán verdadero*. Le aconsejamos a cualquiera que de veras quiera servir que mantenga esa declaración fresca en su corazón y en su mente.

La Biblia dice, en esencia, que podemos tener compasión, convicción, dedicación y todos los dones espirituales listados en el santo Libro, todos los días de nuestra vida; pero *si no tenemos amor, no somos nada.*[9] Jesús lo expresó de esta manera: "Nadie tiene mayor amor que este, que uno ponga su vida por sus amigos."[10]

Mencioné con anterioridad a mi amigo Keith, el cual una vez sirvió como administrador de mi ministerio. Su esposa Gill también es una extraordinaria sierva que lleva un manto (o unción personal) singular, el de ministrar a personas necesitadas.

Una tarde en particular, le pidieron a Gill —durante un culto— que saliera de la iglesia para que fuese a aconsejar y ministrarle a una joven de diecinueve años de edad que había sido dejada a la entrada del templo. Ella provenía de una familia disfuncional y era obvio que había sido víctima de maltrato. Sus habilidades sociales eran casi inexistentes y su sistema de valores era lo opuesto a lo que debía haber sido. Gill también descubrió que la muchacha no sabía casi nada de Jesús.

Poner la vida por un amigo

Gill miró a aquella muchacha que abrazaba fuertemente la diminuta maleta que contenía todas sus posesiones terrenales. Gill no tenía ningún sitio al cual enviarla, y la muchacha no tenía ningún lugar a dónde ir. Finalmente, Gill decidió llevarla a su casa para que pasara la noche.

No se dio cuenta de que, al hacerlo, ella y Keith iban a contraer una obligación de tres meses con una joven que requeriría varias horas de psicoterapia y de apoyo día tras día. La muchacha con el tiempo rindió su corazón al Señor, y Gill trabajó cuidadosamente en poner una nueva base piadosa para el sistema de valores de la joven.

También le compraron ropa nueva, y varios meses después, con la ayuda de la iglesia, alquilaron para ella un pequeño departamento. Además, lograron conseguirle empleo en una tienda local de venta de animales domésticos.

Más de dos años después que empezó aquel proceso, todavía Gill y Keith casi todos los domingos por la tarde almuerzan y tienen amplio compañerismo con esa joven. Gill todavía se preocupa por su bienestar, asegurándose de que ella tenga comida en la mesa y que nunca se quede sola durante las estaciones festivas de Resurrección, Navidad y Año Nuevo. Esa joven ha crecido en su fe y en su amor hacia el Señor. Su semblante ha cambiado y su autoestima continúa creciendo hasta el día de hoy.

Donde otros habrían vacilado o cedido a la tentación de darle las espaldas a una "niña problemática" por ser un asunto demasiado desafiante o complicado, Gill y Keith decidieron correr riesgos para ayudar a esta joven a reclamar una nueva vida en Cristo. Pudieron haber optado por el camino más fácil, pero

El servicio es una actitud del corazón, no una aptitud 85

eligieron el camino más difícil del servicio desinteresado. Ellos entienden lo que Jesús quiso decir cuando expresó: "Nadie tiene mayor amor que este, que uno ponga su vida por sus amigos."

La única manera en que Dios puede transformar nuestro servir de algo que *hacemos* a algo que *somos* es si le permitimos *ajustar la actitud de nuestro corazón*.

Señor, te pedimos que continuamente moldees y vuelvas a dar forma a nuestro corazón en tu rueda de alfarero. A fin de que después que salgamos de tus hábiles manos, podamos reflejar la compasión, la convicción, la dedicación y el amor de verdaderos siervos conforme a tu propio corazón.

Notas
1. 1 Juan 4:20.
2. Véase Filipenses 2:7.
3. Proverbios 23:7.
4. Salmo 107:20.
5. Romanos 8:35.
6. 2 Samuel 15:21 (cursivas del autor).
7. Filipenses 1:21.
8. Filipenses 1:22 (cursivas del autor).
9. Véase 1 Corintios 13:1-3.
10. Juan 15:13.

CAPÍTULO SEIS

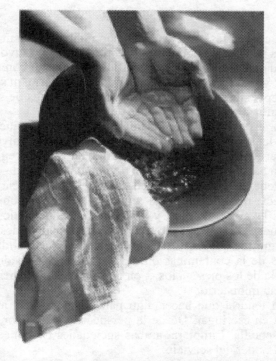

ENTENDAMOS EL PODER DEL SERVICIO Y LA IMPORTANCIA DE LUSTRAR ZAPATOS

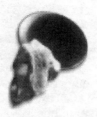

HABLA TOMMY

Jesús hacía su más importante trabajo mientras se sentaba a los pies de las personas y compartía una comida. Él no tuvo una oficina dorada en el piso 77 de un edificio en la zona comercial de Jerusalén; y hasta donde sepamos, no tuvo escritorio, ni secretaria o casa propia siquiera. Él tendía a conducir muchos de sus asuntos de familia alrededor de la mesa de comer.

Una vez sus doce discípulos vinieron a cenar y, aunque se acordaron de dejar sus sandalias fuera, traían suficiente polvo del camino y partículas de estiércol de asno y de camello en los pies como para hacer que la habitación tuviera una fragancia especial.

Jesús debe de haber observado dos problemas relacionados más: parecía que allí no había ningún sirviente disponible para realizar el lavatorio de pies; y ninguno de los discípulos parecía aquella noche estar dispuesto a tomar una iniciativa desinteresada. Eso significó que Jesús fue confrontado por la dualidad de los problemas de la contaminación de corazones manchados por el orgullo y la de los pies sucios... en una de las noches más importantes de su ministerio.

Alguien tendría que hacer algo para restaurar una atmósfera apropiada en ese lugar. Desde la perspectiva del Señor, la solución era sencilla. Limpiaría ambas suciedades de inmediato por medio del poder del servicio:

> [Él] se levantó de la cena, y *se quitó su manto, y tomando una toalla, se la ciñó*. Luego puso agua en un lebrillo, y comenzó a lavar *los pies de los discípulos, y a enjugarlos con la toalla con que estaba ceñido*.[1]

¿CÓMO PUDO EL HIJO DE DIOS DESCENDER A UN NIVEL TAN BAJO?

Pedro, el que había reconocido la deidad de Jesús antes que ningún otro del grupo, sencillamente no podía entender cómo el Hijo de Dios pudiera haber descendido a un nivel tan bajo hasta el punto de lavar el estiércol de asno de los pies de sus propios discípulos. Pedro no era un experto en la esfera de la ley, pero su lógica hizo que pensara: "¡Algo no se ve bien en este cuadro!" ¿Dónde están los sirvientes cuándo uno los necesita? Los otros discípulos podían quedarse sentados allí y permitir que eso ocurriera... ¡pero Pedro no!

El discípulo más locuaz decidió volver a poner de nuevo amablemente a Jesús en su lugar. (La primera vez, Pedro intentó quitarle a Jesús la idea de "morir en la cruz" y fue reprendido.)² Le preguntó a Jesús si Él realmente quería lavarle los pies, en espera de que el Señor se diera cuenta de la indirecta. Cuando Jesús le dijo algo acerca de entender después, Pedro tomó la ruta directa por la que más se le conocía:

"Pedro le dijo: No me lavarás los pies jamás. Jesús le respondió: Si no te lavare, no tendrás parte conmigo."³

Jesús parecía tomar muy serio el lavatorio de pies, pero tengo que confesar que yo era como Pedro en lo que se refiere a esa actividad. Entonces Dios usó mi caja de lustrar zapatos para enseñarme una lección inolvidable en la esfera del servicio.

Hace varios años, cuando era yo pastor de una iglesia, tuve que tomar una decisión que hirió los sentimientos de un caballero de mi congregación. Este hombre era honrado y quería hacer lo correcto; pero en aquella circunstancia, sus acciones estaban equivocadas. Después que hice el necesario ajuste de rumbo, mi relación con ese hombre permaneció tensa y difícil. Había yo hecho todo lo posible por intentar restaurar la paz entre nosotros, pero nada parecía funcionar. Por último, le presenté el asunto al Señor.

ÉL ME DIJO: "SÉ UN SIERVO"

El Señor me dijo exactamente lo que yo *no* quería oír; me dijo: "Sé un siervo." Hice todo lo que pude por convertirme en un siervo, pero nada de lo que hice contribuyó a que este hombre cambiara de actitud. Fue entonces cuando el Señor se hizo presente y me recordó acerca de la importancia de lustrar zapatos.

Viajar es una parte necesaria de mi ministerio, así que tengo que pasarme mucho tiempo en los aeropuertos. De vez en cuando me hago lustrar los zapatos en los sillones de limpieza de calzado de los principales aeropuertos, por lo que un día me decidí a preguntarle a uno de los limpiabotas cuánto ganaba. No me sorprendió que por respuesta obtuviera yo una sonrisa, por lo que decidí sacar un estimado yo mismo.

Si el hombre se ocupa de 6 clientes por hora a US$5 cada uno, entonces gana $30 por hora. Si trabaja cinco días a la semana y toma dos semanas de vacaciones todos los años, ¡entonces él y su caja de limpiabotas generan al año $60.000 en ingresos brutos!

Cuando le mencioné mi descubrimiento a algunos de los adolescentes de la iglesia y sugerí la limpieza de calzado como una manera seria de generar dinero durante el verano, uno de ellos expresó el mismo sentimiento que la mayoría de los creyentes tienen hacia el servicio. Dijo: "¡Yo no voy a lustrar zapatos!" Entonces el Señor me tocó con el codo y me preguntó: *¿Lo harías tú, Tommy?*

En mi libro *El equipo soñado por Dios: Llamamiento a la unidad* compartí lo que ocurrió después

> Entonces Dios trajo a mi memoria el hombre cuyos sentimientos había yo herido antes. El Señor me dijo: "Entonces límpiale los zapatos." Me costó bastante trabajo decidirme a hacerlo.
>
> El domingo siguiente llevé a la iglesia mi equipo de lustrar calzado. En el proceso de predicar, le pedí a ese caballero que pasara al frente de la congregación y que se sentara allí mientras yo predicaba. Mi sermón abordaba el lavado de pies; mi texto era el de Juan capítulo 13. Yo "contemporicé" el lavado de pies con la limpieza de calzados. Mientras predicaba, le limpié los zapatos. Me quité la chaqueta, me metí la corbata en la camisa y lustré sus zapatos en tanto que predicaba. Él y yo sí sabíamos lo que pasaba aunque la congregación en su totalidad no lo supiera.
>
> Según lustraba yo sus zapatos, empecé a llorar y luego él también. Tan pronto como fue ejemplificado el espíritu de servicio, se movió el Espíritu Santo. Fue quebrantado el espíritu de antagonismo. Las personas empezaron a alinearse para lustrarse los zapatos unas a otras. Sacaban sus pañuelos para limpiar los zapatos. Lágrimas calientes salpicaban zapatos sucios. Un espíritu de unidad se apoderó de nuestra iglesia. Ocurrió un gran avivamiento.
>
> ¿Cuánto tiempo ha pasado desde que usted envainó su espada y tomó una toalla? El reino de Dios es edificado por siervos. Empiece a limpiar las suciedades de los pies de su hermano. Si Él lo hizo, ¡debemos hacerlo también! Pongamos en práctica el servicio. No olvidemos que el símbolo de su reino es una toalla.[4]

LA CRUZ ES EL SÍMBOLO DE NUESTRO "NEGOCIO DE FAMILIA"

La cruz es el símbolo de nuestro traslado, o liberación, de la oscuridad a la luz mediante el sacrificio desinteresado de Jesús en el Calvario. La toalla es el símbolo de nuestro continuado "negocio de familia" y ocupación individual. Como de costumbre, el modo de Dios de hacer las cosas es totalmente diferente a la manera en que nosotros las haríamos.

Quiero compartir con usted algo escrito por Gordon MacDonald que tiene mucho sentido:

> Los seguidores [de Jesús] crecieron en una cultura que entendía de una sola política: el poder. Del poder de reyes y ejércitos: la fuerza bruta. Del poder de la comunidad religiosa: pronunciar o denegar la aprobación de Dios. Del poder de la tradición de la familia, la aldea, y la tribu: la limitación de las personas a la ciega conformidad con "la manera en que nosotros hacemos las cosas".[5]

La mayoría de nosotros todavía encontramos que resulta más fácil identificarnos con la espada que con la toalla. Hallamos que resulta más fácil apuntar ardientemente a los pecadores y a los santos con el dedo de la indignación virtuosa que lavarles los pies, vendar las heridas de nuestros hermanos, alimentar estómagos hambrientos o vestir cuerpos desnudos.

El amor de siervos exige que nos despojemos de nuestras túnicas religiosas obtenidas tras mucho esfuerzo y que las reemplacemos por las vestimentas de humildad, vulnerabilidad desnuda y espíritu de servicio.

EL AMOR DE SIERVO SE TORNA DESORDENADO

Por algún motivo, encontramos más fácil aguijonear a las personas hacia el reino mediante la predicación que conducirlos a la presencia de Dios por medio del amor. Quizás eso sea porque el amor de siervo se pone desordenado. Nos exige que nos despojemos de nuestras túnicas religiosas obtenidas con gran esfuerzo y que las reemplacemos con las vestiduras de la humildad, la vulnerabilidad desnuda y el espíritu de servicio. MacDonald lo expresa de esta manera:

> El modelo de servicio de Jesús significa que todos (niños, leprosos, gentiles, opositores o pecadores) son más importantes que uno. Servir significa que todo lo que uno tenga y sea lo ha de poner a disposición del prójimo si ello conduce a este a la presencia de Dios. Servir no tiene que ver con cómo pueda yo agregar valor a mi propia vida, sino con cómo añado yo valor a la del prójimo.[6]

HABLA DAVID

Tommy tiene razón cuando dice que el amor de siervo puede ponerse desordenado. Una vez que estemos finalmente de acuerdo en deshacernos de nuestro orgullo y tomar la toalla de siervo, descubriremos que incluso al servir podríamos vernos obligados a confrontar cambios, irritaciones y complicaciones indeseados.

DESCUBRIMOS LA VERDAD BAJO LA PRESIÓN DE LO INESPERADO

El Señor a menudo nos permite entrar en situaciones en las que debemos examinarnos a nosotros mismos y comprobar la motivación de nuestro corazón. Es ahí, bajo la presión de lo inesperado, que descubrimos si el servir es meramente lo que hacemos o lo que en realidad somos. Es también en esos momentos que aprendemos dónde realmente ponemos nuestra confianza.

Eso me sucedió a mí cuando intenté transportar mi equipo a la isla de Montserrat, asolada por la erupción de un volcán, para el recorrido de ministerio que mencioné antes. Me gusta que todo llegue a la vez a los destinos extranjeros, para que yo pueda iniciar mis recorridos de ministerio con cierto grado de organización y preparación.

Lo primero que hago antes de empezar a ministrar es ensamblar mi cruz y lebrillo, ponerles las correas a mis tanques de agua y toallas, y empacar un buen suministro de Biblias (en el idioma local). Luego generalmente recorro una ruta predeterminada proporcionada de antemano por el Señor. Mi viaje de ministerio a Montserrat presentó una situación totalmente diferente.

Para llegar a Montserrat en las Indias Occidentales, tuvimos que volar desde África del Sur hasta la ciudad de Nueva York y de Nueva York a la isla de Antigua. De allí tuvimos que abordar un transbordador para navegar hasta Montserrat.

Al llegar a Antigua, mi amigo Lee y yo descubrimos que el baúl que contenía mis tanques de agua, cruz y toallas había sido enviado a un aeropuerto equivocado cuando tomamos el avión de Europa a Nueva York. Dicho brevemente, ¡el baúl fue hallado tres veces y extraviado cuatro entre tres aerolíneas! Por lo menos una vez durante el viaje, hablamos telefónicamente con alguien que realmente tenía el baúl en su posesión. Esa persona entonces le puso a éste una nueva etiqueta y personalmente lo vio salir por la banda transportadora rumbo a nosotros, pero *de nuevo* el baúl se extravió entre Nueva York y Antigua.

Nuestro representante en Antigua vio las etiquetas de nuestro baúl en el escritorio de uno de los funcionarios de la aerolínea, y yo personalmente encontré la entrada en el diario de navegación de la aduana donde había sido recibido y se lo había registrado. No obstante, el baúl no se pudo encontrar por ninguna parte.

Un funcionario de la aerolínea me preguntó por qué estaba yo tan obsesionado por encontrar ese baúl. Me aseguró que me reembolsarían por el contenido y me preguntó qué había dentro. Le pregunté si asistía a la iglesia, y cuando me dijo: "No muy a menudo", le pregunté si sabía lo relacionado con Moisés.

¿CÓMO SE LE PUEDE PONER PRECIO A UNA CRUZ DE MADERA?

Me respondió que sí, por lo que le dije que sería similar a que Moisés hubiera perdido su vara cuando conducía a los hijos de Israel a través del desierto. Yo creo que Dios pone su manto de unción en las cosas tal y como lo hizo con la vara de Aarón. ¿Cómo se le puede poner precio a una combinación de cruz y lebrillo con los que se les han lavado los pies a miles de personas y que han visto a leprosos sanados, a matrimonios restaurados y a ciudades enteras entrar en avivamiento? Yo les había ministrado a prostitutas, a campesinos y a presidentes con esa cruz y ese lebrillo. Puede que haya tenido un valor mundano de sólo cincuenta dólares, pero sé que en ese momento, habría yo pagado alegremente un millón y más para que me la devolvieran (suponiendo, claro está, que tuviera yo tal cantidad de dinero).

Nos dieron permiso para buscar en tres tiendas de mercancías aseguradas y en un gran almacén de la aduana, pero no tuvimos éxito. Después de una semana de absoluta frustración, que implicó numerosos viajes de ida y vuelta al aeropuerto, seguidos por retrasos que llevaron nuestra paciencia al límite y de búsquedas infructuosas (y el constante bombardeo en la esfera del espíritu), decidimos encaminarnos de todos modos hacia Montserrat.

Mi costumbre durante los años en que he ministrado alrededor del mundo ha sido poner la cruz y el lebrillo y los equipos y suministros con el resto del equipaje que uno entrega antes de abordar. Lo hacía tanto cuando viajaba por avión a lugares dentro de África del Sur como a sitios de ministerio internacionales.

Sin embargo, *en esa ocasión*, decidí llevar el lebrillo de lavar pies junto al equipaje personal que subo conmigo al avión. Eso significaba que yo todavía tenía el lebrillo, aun cuando la cruz, los tanques de agua portátiles, las toallas y las Biblias estaban extraviadas en una de tres aerolíneas.

No sabía cómo iba a poder funcionar sin el resto de mis utensilios. *Sabía* que Dios me había traído hasta este punto, ¿pero que iba yo a hacer ahora? También me preguntaba: *¿Está mi confianza puesta en la cruz y en todos los utensilios, o está ella puesta en el Señor?* Tuve que hacer una profunda introspección.

Sintiéndome aún devastado por la pérdida de la cruz y mis utensilios de viaje, finalmente llegué a Montserrat en compañía de Lee. Sentía yo gran desorientación. Me fue difícil lidiar con mis propias emociones hasta que me vi confrontado por la condición de sufrimiento de las personas en Montserrat.

PONTE LAS BOTAS... QUE VAMOS A DAR UNA CAMINATA DE ORACIÓN

La primera mañana después de llegar, le pregunté a Lee si había traído sus botas de excursionista. Cuando me confirmó que sí lo había hecho, le dije que se las calzara, pues íbamos a dar una caminata de oración para discernir la atmósfera espiritual. Caminamos todo ese día por uno de los terrenos más calientes y con más precipicios en que jamás había yo estado.

Nos pasamos el día siguiente en oración y ayuno, y finalmente sentí al Señor decir: *"Quiero que dejen mi huella en esta isla."*

En términos prácticos, me convencí de que el Señor quería que oráramos en cada casa de la isla que había quedado en pie después de que hizo erupción el volcán, bien fuera que la casa estuviera habitada o no. Parecía algo necio si se miraba superficialmente, pero íbamos a descubrir lo que Dios puede hacer cuando sus siervos están dispuestos a realizar con obediencia y gozo tareas aparentemente serviles.

La mañana siguiente, justamente antes de que saliéramos de nuestra habitación, le eché un vistazo a mi solitario lebrillo que estaba en el rincón con una toalla de mano a su lado. Sentí que la unción del Espíritu Santo me instaba a llevarlo conmigo.

Agarré por el borde mi lebrillo de lavar pies y nos encaminamos a la primera casa de nuestra ruta. Su único ocupante era un "rastafario",[7] con sus bucles característicos. Después de una vívida discusión, él finalmente rindió su corazón a Jesús mientras yo le lavaba los pies.

Varias casas más adelante nos tropezamos con una señora que nos dijo que había oído que estábamos en la isla. Nos había estado esperando, así que también oramos por ella y le lavamos los pies. Esto continuó durante todo el día. Algunas de las tiendas lograron abrir a pesar de la devastación del volcán; y cuando los tenderos nos invitaban a entrar, el Señor nos permitió ministrarles y lavarles los pies allí mismo en sus tiendas. ¡El favor del Señor iba con nosotros!

ESPARCIR LA PALABRA POR TODOS LOS MEDIOS

Un día un hombre llegó inesperadamente a donde nos encontrábamos y nos anunció que había concertado una cita para que fuéramos entrevistados por Radio Montserrat. Para ser franco, me pregunté si el esfuerzo valdría la pena. Sospechaba lo peor, y cuando llegamos a la estación de radio, mis peores temores parecieron confirmados.

Nos encontramos en un viejo y arruinado caserón que les servía de estudio provisional (el volcán había destruido el original). El estudio consistía de un solitario micrófono montado encima de una mesa. Me recordó los sistemas de amplificación de un solo micrófono comunes en los más antiguos auditorios escolares e iglesias. Definitivamente que no se trataba de nada profesional, pero el Señor estaba a punto de mostrarme una vez más que sus caminos no eran los míos.

Los dos entrevistadores sentados a la mesa parecían ser la peor parte del asunto. Cuando Lee y yo tomamos asiento frente a ellos, no nos tomó mucho tiempo hasta que supiéramos por su actitud que definitivamente no eran cristianos. De hecho, mostraban cierta hostilidad hacia nosotros.

Según progresaba la entrevista, sin embargo, me di cuenta de que el Espíritu Santo los puso bajo convicción y su actitud empezó a cambiar. A lo largo de la entrevista, no podía evitar preguntarme en mi fuero interno: *¿Estará alguien escuchando este programa?*

No teníamos ninguna idea de la sorpresa que Dios nos tenía preparada. Nos enteramos más tarde que Radio Montserrat era *la única estación de radio de la isla*. También descubrimos que debido a que la estación transmitía durante todo el día las últimas noticias sobre la actividad volcánica y las operaciones de rescate, ¡la nación entera permanecía pegada a sus radios!

DEMOS LA BIENVENIDA AL DÍA DE PENTECOSTÉS, ESTILO MONTSERRAT

Ocurrió algo más que nosotros no sabíamos. A los entrevistadores, por cierto, les gustó tanto la entrevista con nosotros que la transmitieron a su auditorio cautivo durante tres días seguidos. Para ese entonces, todos en la isla sabían quiénes éramos. Nos habíamos convertido de la noche a la mañana en estrellas célebres. Las personas hasta detenían sus automóviles para darnos la mano cuando nos veían por el camino. Otros salían corriendo de sus casas y nos decían: "¿Qué debemos hacer para ser salvos?" Sentíamos como si estuviéramos volviendo de nuevo a vivir el día de Pentecostés, estilo Montserrat.

Una señora nos llamó para que entráramos en su casa y nos pidió que le ministráramos. Mientras estábamos orando por ella, un hombre que tenía una notoria mala fama en la zona llegó inesperadamente hasta la puerta. ¡Inmediatamente cayó al suelo bajo la convicción del Espíritu Santo y empezó a arrepentirse de sus pecados! Tuvimos el gozo de lavarle los pies inmediatamente después de su conversión.

Una vez más el Señor abrió un camino donde no había ninguno. Habíamos llegado a Montserrat con nada más que la ropa que llevábamos puesta, un lebrillo de lavar pies y una toalla. Con todo, Dios usó esas cosas —en manos de siervos algo desconcertados pero obedientes— para liberar el poder del servicio y derramar de su Espíritu en toda una isla nación. Nos sentimos un poco como Pedro y Juan en la puerta llamada La Hermosa cuando Pedro le dijo al mendigo lisiado: "[...]No tengo plata ni oro, *pero lo que tengo te doy*; en el nombre de Jesucristo de Nazaret, levántate y anda."[8]

HABLA TOMMY

Las experiencias de Dave en Montserrat deben hacer que nos preguntemos: "¿Qué tenemos para darles a aquéllos con quienes nos encontramos cada día?" ¿Es acaso hora de que echemos mano de nuestro equipo de lustrar calzado y vertamos lágrimas encima de los zapatos de alguien al que hayamos herido? ¿Lo ha llamado Dios a usted a que comparta el dolor y el pesar de otros, armado sólo con el amor y el servicio? Deje su espada y tome su toalla. Ponga su confianza en lo que Él le ha dado a usted; y luego compártalo por fe.

Notas
1. Juan 13:4,5 (cursivas del autor).
2. Véase Mateo 16:21-23.
3. Juan 13:8.
4. Tommy Tenney, *El equipo soñado por Dios* (Miami, FL: Editorial Unilit, 2000), p. 76.
5. Gordon MacDonald: "Las políticas del servicio", fuente desconocida. Gordon MacDonald sirvió de presidente de InterVarsity Christian Fellowship y es miembro de mayor antigüedad del Trinity Forum, una academia de liderazgo que ayuda a los dirigentes a que participen en asuntos clave de su vida personal y pública en el contexto de la fe. Fundada en 1991 como organización no lucrativa, ésta auspicia programas y publicaciones estratégicas que hagan avanzar su misión: contribuir a la transformación y renovación de la sociedad mediante la transformación y renovación de los líderes nacionales.
6. *Ibid*.
7. Un rastafario es un seguidor de una secta religiosa que se originó entre jamaicanos de raza negra. Entre otros aspectos, los rastafarios creen en el uso ritual de la marihuana, prohíben el

corte del cabello y rinden honor, como si fuera un dios, al difunto emperador de Etiopía, Haile Selassie.
8. Hechos 3:6 (cursivas del autor).

CAPÍTULO SIETE

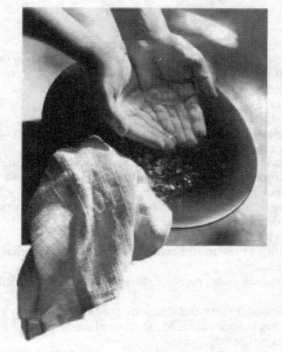

VER LO QUE JESÚS VE

 # HABLA TOMMY

A veces uno tiene que *ver* la toalla para poder *tomarla*.

El otro día entré en el cuarto de mi hija para hacer una inspección paternal.

Cuando le pregunté:

—¿Limpiaste tu cuarto?

—Sí, papá—. Me contestó con sus característicos ojos luminosos y sonrisa alegre.

Al entrar en su habitación, me sorprendió encontrarlo todo en total desorden. La ropa de mi hija estaba desparramada sobre la cama y por el suelo; a pesar de sus ojos chispeantes y la sonrisa maravillosa, el cuarto de mi muchachita no era nada menos que un total desarreglo. La llamé y le dije:

—Hija mía, mira tu cuarto. ¡Es un desastre!

Ella miró el teatro del crimen y sonrió una vez más antes de responderme:

—Todo está *bien*, papá. ¡Está suficientemente ordenado para mí!

La diferencia entre nuestros dos puntos de vista no tenía nada que ver con la habitación. Mirábamos el mismo cuarto a través de *dos pares de ojos diferentes*

Si tiene hijos, entonces probablemente habrá notado cuán fácilmente puede usted ver una tarea que necesita atención o agarrar el zapato solo extraviado en un rincón alejado del cuarto cuando su hijo no puede ni siquiera verlo. Lo mismo ocurre cuando un hijo extravía algo importante, como una libreta de clases, un par de lentes o los deberes escolares del día. La expresión universal y común de los niños, que sirve como respuesta a todas las preguntas, es: "No puedo encontrarlo por ninguna parte." Invariablemente, lo que se busca se encuentra exactamente donde fue abandonado por descuido u olvido. La respuesta favorita de mi abuela en tales casos —una frase que todavía puedo oír haciendo eco en lo más recóndito de mi memoria— era un clásico refrán de sabiduría paternal: "Lo tenías tan cerca de ti que si hubiera sido una serpiente, te habría mordido."

DEBEMOS TENER UNA EXPERIENCIA DE CAMBIO DE PARADIGMA CON CRISTO

Muchos de nosotros no hemos aprendido el valor del servicio porque no tenemos "ojos de siervo". Sencillamente no vemos la necesidad o el valor de servir a Dios mediante nuestro servicio a los demás. He descubierto que debe uno tener una experiencia de apertura de ojos que cambie el paradigma, o armazón, de su pensamiento antes de que pueda tornarse en siervo o pueda entender el poder del servicio.

Ese es uno de los motivos por los que el Señor de la gloria puso a un lado su fama y entró en nuestro mundo: Él vino para darnos una experiencia de apertura de ojos que haría añicos nuestros egoístas paradigmas terrenales.[1]

Jesús fue modelo del servicio a lo largo de su ministerio en la tierra. Al final de su vida y ministerio terrenales, tomó una toalla de siervo y, en esencia, dijo: "Ustedes no entendieron cuando María me lavó los pies con sus lágrimas. Parece que tendré que ayudarlos a cambiar su paradigma todavía más. El lavatorio de pies no sólo es para las Marías. Es para todos. Todos ustedes necesitan 'lavar y ser lavados'."

¡Primero tenemos que ver la toalla para poder tomarla! Los que no han alcanzado madurez generalmente no ven lo que los que ya la han alcanzado perciben. Jesús les dijo a sus discípulos: "[...]Alzad vuestros ojos y mirad los campos, porque ya están blancos para la siega."[2] El problema no son "los campos"... son los obreros que no pueden ni siquiera ver lo que está delante de ellos.

EL SERVIR EN SU FORMA MÁS VERDADERA ES UN EXAMEN DE LA VISTA

Permítame hacer esta comparación: Imagínese que se halla en el consultorio de un optometrista con la familiar cartilla para comprobar la vista delante de usted. Si todo lo que observa es una letra "E" grande, su optometrista le informará con rapidez que hay muchas otras letras en esa cartilla que usted debiera de estar viendo. El llamamiento divino al servicio y la vocación al cristianismo en su forma más verdadera, son un *examen de la vista*.

No se sorprenda si descubre que su vista necesita corrección; la mayoría de nosotros la necesitamos. A eso yo le llamo "ponerse los lentes de Jesús". De repente, puede usted ver las cosas *como*

Él las ve. Se encontrará llorando por lo que Él llora y regocijándose por lo que el se regocija.

Jesús a veces se regocijaba y los discípulos no podían figurarse lo que le ocasionaba tanta felicidad. En otros momentos, Él lloraba mientras los discípulos hacían un gran esfuerzo mental por entender cuál era el motivo de su tristeza. Jesús no estaba loco ni desequilibrado emocionalmente. Él sencillamente veía las cosas de una manera diferente.

Muchas veces los creyentes nos encerramos en nuestros chiribitiles cristianos, pasamos candado a las puertas, cerramos las ventanas y las cortinas a nuestro derredor y nos negamos a salir porque tenemos miedo de lo que hay fuera. Si uno *tiene miedo* de lo que hay allí, entonces no podrá *influir* en lo que hay allí. Si el Hijo de Dios tuvo que abandonar su mundo para entrar en el nuestro, tiene sentido que usted y yo abandonemos nuestro mundo de las bancas para influir en el mundo en las noticias... ese mundo que existe fuera de nuestras reuniones sociales de la iglesia y de las campañas de evangelización internas.

Desafortunadamente, los que a veces salen a ese mundo se presentan en él con la voz atronadora y condenatoria de cristianos criticones. Eso explica por qué el mundo y los ejecutivos de los medios de comunicación de Nueva York y de Hollywood consideran que los individuos de la iglesia son críticos severos. Es esa la ironía de todo este asunto: *Si vieran más siervos entre nosotros, percibirían más de Jesús en nosotros.* Si vieran más de Jesús, entonces cambiarían su modo de actuar.

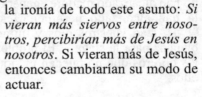

Si el Hijo de Dios tuvo que abandonar su mundo para entrar en el nuestro, tiene lógica que usted y yo abandonemos nuestro mundo de las bancas a fin de influir en el mundo de las noticias.

PASAMOS POR ALTO LO QUE NO QUEREMOS VER

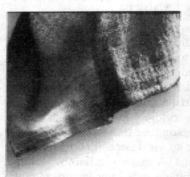

Tenemos la tendencia de ver las cosas que queremos ver, en tanto que pasamos totalmente por alto lo que no deseamos ver. Nos gusta leer la Palabra de Dios a través de nuestro propio filtro personal. Todo lo que aparezca escrito en una página de la Biblia que refuerce nuestras propias opiniones lo leemos y lo catalogamos. Mientras tanto, nuestro filtro bloquea o salta por encima de cada versículo que parezca contradecir nuestras suposiciones prefijadas, nuestras doctrinas favoritas y nuestras especialidades predilectas.

Estos filtros de la vista a veces tienen un aspecto positivo en sí. Si usted tiene un llamamiento evangelístico que unge su vida, probablemente buscará en las Escrituras versículos de "poder" que lo ayuden a alumbrar la oscuridad con la luz de Dios. Si tiene la tendencia a ser profético, buscará declaraciones directas en blanco y negro para los creyentes apartados y los pecadores empedernidos. Si usted se inclina más hacia la esfera pastoral y de cura de almas, buscará los versículos de restauración, y de sanidad y tierna compasión. Si necesita ser sanado, es obvio cuál filtro usará durante su estudio de la Palabra.

El problema estriba en que cuando usted busca lo que ya sabe que está allí, se vuelve como el muchacho que compra una caja de cereal y echa a la basura el maíz acaramelado y los cacahuates sólo para conseguir el premio que sabe que hay oculto dentro.

Pedro y Juan deben de haber pasado por la puerta La Hermosa para entrar en el templo de Herodes miles de veces antes del día *siguiente* de su encuentro con el Espíritu Santo en el aposento alto. En aquel día especial, vieron al mendigo lisiado de nacimiento y percibieron algo diferente. Antes de aquella vez, él sólo era la invisible irritación que mejor se aliviaba con limosnas para luego olvidarlo con rapidez a fin de que éste no perturbara las serenas ceremonias programadas en el templo.

TOMEMOS LA TOALLA DEL SERVICIO

El día después de Pentecostés, los dos apóstoles deben de haber dicho (en vernáculo moderno): "¡Vaya, hemos pasado tantas veces delante de este tío y ni siquiera lo habíamos visto!" Sabemos por las Escrituras que una vez que fueron abiertos sus ojos, Pedro y Juan tomaron la toalla del servicio y satisficieron la necesidad que no habían visto antes.

Su obediencia en *ver* la necesidad y *tomar la toalla* del servicio liberó una milagrosa secuencia de sucesos que trajo a 5.000 almas más al reino e hizo que Pedro y Juan pasaran su primera noche en la cárcel por predicar el evangelio de Jesucristo.[3]

La compasión es el factor motivador de lo milagroso, pero tal compasión del corazón es activada por lo que el ojo percibe. Uno tiene que ser "conmovido" antes de que pueda reaccionar. Dicho con franqueza, la mayoría de nosotros nunca somos conmovidos porque nos movemos con demasiada rapidez. Pasamos como bólidos a lo largo de la vida siguiendo nuestras propias agendas en tanto que permanecemos ciegos e insensibles a lo que sucede alrededor de nosotros.

Conducimos nuestro auto por el mundo a más de setenta millas por hora y apresuramos nuestra carrera eligiendo los pasos elevados para evitar los barrios infestados de drogadictos y pordioseros. Es bastante diferente cuando uno emplea tiempo para conocer a las personas reales que viven en esos sitios al caminar por sus barrios. De repente ve uno a la humanidad que sufre en esos barrios "malos". Tenga cuidado... pues la compasión posee el poder de echar a un lado sus más grandes temores y hacer que vaya usted a parar al centro del problema. Una vez allí, la compasión le exigirá que ayude a satisfacer las necesidades de las personas en el nombre de Jesús.

Jesús permitió que su compasión pusiera a un lado los temores fundados que Él tenía de lo que habría de sucederle. Sabía que, si continuaba, acontecería lo que más Él temía; sin embargo siguió rumbo a la cruz, y fue rechazado y despreciado por los hombres. No le importó. Él vino a la tierra para ser un siervo y para poner su vida "por el gozo puesto delante de él".[4]

Antes de que podamos ser puestos en un lugar de servicio, Dios nos permitirá ver una necesidad y ser motivados por la compasión. Desafortunadamente, cuando el mundo piensa en siervos o en servicio, piensa en los rotarios, los cuales fundan proyectos comunitarios, o en los *shriners*, que construyen y sostienen económicamente hospitales infantiles. Cuando el mundo piensa acerca de la iglesia, normalmente piensa: *¡Oh, a esas personas sólo les interesa el dinero de uno!*

EL SERVICIO VERDADERO PUEDE CAMBIAR EL PARADIGMA DEL MUNDO

En nuestra ceguera ante las necesidades alrededor de nosotros, hemos ido pintando la habitación hasta quedar atrapados en el proverbial rincón. Es hora de que salgamos y seamos lo que hemos sido llamados y ungidos a ser: *siervos*. El verdadero servicio —el servicio en acción— tiene la capacidad de cambiar el paradigma de cómo el mundo nos ve. Los individuos y los gobiernos no temen autorizar a un siervo, pero sí tendrán miedo de autorizar a alguien o a cualquiera cosa que se enseñoree sobre ellos. Pocos le pedirán ayuda al orgulloso, pero cualquiera le pedirá ayuda a un siervo.

Hemos estado actuando más como Saulo el asesino que como Pablo el mártir. Cuando Saulo, el perseguidor, acusador y ajusticiador religioso vio la luz, tuvo un cambio de paradigma. Cambió súbitamente sus energías y lealtades. Empezó a cuidar y proteger a las mismas personas a las que una vez había procurado matar. Un solo encuentro espectacular con el Príncipe de Paz transformó a Saulo, la voz atronadora de la religión, en Pablo, la mansa voz celestial del siervo.

HABLA DAVID

Como lo ha explicado Tommy, Dios cambió a Saulo en Pablo con un solo encuentro sobrenatural. Permítanme señalar que Dios entonces envió a este judío experto en la ley para que dedicase su vida al ministerio entre personas no judías. Dios conoce nuestras limitaciones, pero insiste en usarnos a pesar de ellas. Vez tras vez Él guía a personas comunes y corrientes a situaciones imposibles a fin de abrir sus ojos e inflamar su corazón con compasión. Luego los lanza armados con poco más que su compasión y la promesa de que los guiará y nunca los desamparará.

La compasión es lo que hizo que yo fuera a parar al sur de Sudán, uno de los lugares más secos y desolados del planeta. Todo empezó luego que el Señor me permitiera ver varios reportajes de televisión sobre la condición de los desplazados sudaneses en campamentos de refugiados. La mayoría de las personas que viven en la mitad sureña del Sudán son cristianos nominales o animistas. En tanto que ellos se esforzaban por evitar la muerte por inanición debido a la devastación ocasionada por la sequía y la hambruna, los rebeldes islámicos del norte los hacían blanco de masacres por considerarlos infieles.

Empecé a orar por su situación, y conforme crecía mi compasión, así lo hizo mi convicción de que debía yo tomar la cruz y el lebrillo hasta el Sudán y ministrar de algún modo a los que pudiera. Le solicité al gobierno sudanés una visa de entrada, pero éste era oficialmente un estado islámico y yo era cristiano. Mi solicitud fue bloqueada a cada paso por la burocracia y el papeleo oficioso.

Entonces Dios sobrenaturalmente liberó recursos económicos y me abrió las puertas para que pudiera llegar hasta una diminuta base regional de la ONU cerca de un sitio en que convergen las fronteras de Uganda, Kenya, Etiopía y el Sudán. Luego los persuadí a que permitiesen que uno de sus vuelos chárter me transportara 400 millas hasta el diminuto asentamiento de Waat, en el sur del Sudán.

MI PRIMER IMPACTO VISUAL ME OCASIONÓ UN ESTADO DE CHOQUE DURANTE DOS SEMANAS

Cuando el avión tocó tierra en la pequeña y polvorienta pista, olas de polvo llenaron el aire y cientos de campesinos convergieron hacia nosotros. Algunos de los hombres nos ayudaron a descargar lo que parecía ser un magro puñado de suministros, al considerar la desesperada situación que allí imperaba. No sabía que me habría de enfrentar con un cuadro que me mantendría en un estado de choque durante las siguientes dos semanas.

Cuando bajé del avión, vi los cuerpos enflaquecidos de hombres y mujeres adultos, todos totalmente desnudos. No estaban en cueros por deseo propio ... sencillamente no tenían acceso a ropa, pieles de animales o incluso a hojas de ninguna clase con las que cubrirse.

¿Qué hago yo aquí? ¡Esto es un holocausto!, pensé al estar allí de pie con la cruz y el lebrillo. Yo les había lavado los pies a miles de personas con esos sencillos utensilios, pero me sentí absolutamente desvalido en ese desapacible momento. Hasta donde podía alcanzar mi vista, no veía nada más que desesperación.

Yo había estado antes en guerras y en campamentos de desplazados, y había visto la más abyecta pobreza a lo ancho y largo del mundo; pero jamás había visto nada así. Mi corazón se quebrantaba cada vez más con cada paso que daba en el asentamiento de desplazados.

Vi a cientos de niños cuyas piernecitas parecían palillos injertados en rodillas que parecían nudillos de hombre. La desnutrición había reducido los cuerpos de niños y de adultos por igual a horribles caricaturas de madera de muertos ambulantes, y ni siquiera quiero describir los detalles de lo que vi en ese lugar.

"OH DIOS, ¿QUÉ PODEMOS HACER?"

Las personas hacían fila desde antes de la salida del sol hasta la medianoche para meter sus cubos en un solo pozo de agua roto. (Me enteré más tarde que el agua del pozo estaba contaminada por las heces fecales de humanos, las cuale sse filtraban por el suelo.)

Esa noche, mi mente empezó a dar vueltas y clamé: "Oh Dios, ¿qué podemos hacer?" No obtuve respuesta, así que cerré los ojos y me quedé dormido con un sueño muy ligero. La mañana siguiente me desperté temprano y recorrí la zona con los miembros de una tribu local que recogía los cadáveres. Para horror mío, vi personalmente a los buitres que esperaban a que las personas más débiles murieran. Era común que picotearan los cadáveres antes de que pudieran ser enterrados.

Durante los días siguientes deambulé en un estado de choque y constantemente oraba en el Espíritu. Me sentía abrumado. Parecía desesperadamente inadecuado que yo sencillamente les dijera a las personas que Jesús los amaba y que les lavara los pies cuando se estaban muriendo. Dios quería que hiciera algo más, pero yo no sabía por dónde empezar.

Me hice amigo de los desplazados, y escuché sus historias acerca de seres queridos que habían fallecido. Sabían muy poco o nada acerca del evangelio. Nada más que sabían que "el Islam era malo y que el cristianismo era bueno". Me contaron historias sobre soldados musulmanes que encañonaban a las personas y les decían: "Si se convierten al Islam, les daremos ropa y comida. Si no lo hacen, les dispararemos." Muchos habían sido fusilados. Cada día que pasé en Waat le preguntaba a Dios: "¿Dónde empiezo?"

Dos semanas después regresé a África del Sur y me sentí guiado a solicitar la ayuda de setenta iglesias de distintas denominaciones. Después volví al Sudán con un grupo de agricultores para obtener muestras del suelo, las cuales fueron analizadas en laboratorios surafricanos para determinar qué tipos de nutrientes se necesitaban.

Me puse en contacto con la ONU, y con el Departamento de Asuntos Exteriores y la Armada de África del Sur. Por la gracia de Dios, todos estuvieron de acuerdo en ayudar. Con la ayuda de la Armada de África del Sur, enviamos al puerto de Mombassa, en Kenya, varias toneladas de ropa y de semillas donadas por las iglesias y los agricultores. Luego lo transportamos todo en camiones más de 2.000 millas por algunas de las peores carreteras del planeta hasta el centro regional de la ONU en la frontera. La ONU accedió a transportar por vía aérea la ropa y las semillas las últimas 400 millas hasta Waat, ya que no existían carreteras hasta allí.

LOS SIERVOS VEN LAS NECESIDADES A TRAVÉS DE LOS OJOS DE JESÚS

Empezamos a enseñarles a los desplazados sudaneses las verdades básicas del cristianismo y los ayudamos a formar líderes cristianos de entre sus propias filas. También llevé un equipo de voluntarios surafricanos a Waat y preparamos a mano, con hazadones, ochenta acres de terreno y luego sembramos las semillas. A pesar de las dificultades, logramos vestir a 12.000 personas. Dios me permitió ver la desesperante necesidad, y su compasión no me dejó alternativa. Compartí la necesidad con otros; pues, como cristianos, no podíamos haber entrado allí sin ser conmovidos. *Los verdaderos siervos no pueden ver una necesidad a través de los ojos de Jesús y permanecer indiferentes.*

Santiago, el hermano de Jesús, dijo: "Y si un hermano o una hermana están desnudos, y tienen necesidad del mantenimiento de cada día, y alguno de vosotros les dice: Id en paz, calentaos y saciaos, pero no les dais las cosas que son necesarias para el cuerpo, ¿de qué aprovecha? Así también la fe, si no tiene obras, es muerta en sí misma."[5]

Dios nos habla acerca de ciertas personas que continúan mirando pero que no entienden. Sus oídos están embotados, sus ojos oscurecidos y su corazón es insensible. Miran *pero no ven*.[6]

El Señor continuamente obra en nosotros para ayudarnos a mirar a través de sus ojos y ver el mundo como siervos. Precisamente cuando Dios completa sus ajustes de carácter y produce arrepentimiento en nuestro corazón, Él trae una vez más a nuestra vida lo inesperado para ver hasta qué punto hemos aprendido la lección.

UNA ORACIÓN DE QUEJA ENSEÑA UNA LECCIÓN

En otra ocasión, mientras recorría yo la nación de África del Sur, en mi frustración le elevé al Señor una mañana una "oración de queja": "Señor, ¿dónde están todas las oportunidades en este preciso lugar?" (No sé por qué dije tal cosa. Apenas pasaba un día en el recorrido sin que ocurriera algo especial.) El Señor empezó a hablarme a través de un pasaje del libro de Isaías:

Sordos, oíd, y vosotros, ciegos, mirad para ver. ¿Quién es ciego, sino mi siervo? ¿Quién es sordo, como mi mensajero que envié? ¿Quién es ciego como mi escogido, y ciego como el siervo de Jehová, que ve muchas cosas y no advierte, que abre los oídos y no oye?[7]

Le pedí a Dios que me perdonara por haber sido tan insensible a todas las oportunidades divinas que yo había desaprovechado, y mi vista se fijó en otro versículo del mismo capítulo de Isaías:

Y guiaré a los ciegos por camino que no sabían, les haré andar por sendas que no habían conocido; delante de ellos cambiaré las tinieblas en luz, y lo escabroso en llanura. Estas cosas les haré, y no los desampararé.[8]

Sentí la gracia de Dios fluir a caudales a través de mí, pero pronto descubriría yo que el Señor intentaba asegurarse de que había aprendido mi lección.

Al bajar por el camino esa tarde, sentí una nueva agudeza espiritual que yo no tenía antes. Había algo nuevo que yo quería probar, así que hice lo que normalmente hago mientras estoy fuera en un país: Pregunté: "Señor, ¿qué estás haciendo aquí mismo hoy?"

SEÑOR, NO NECESITO PROBLEMAS HOY

Poco tiempo después un auto de patrulla de carretera pasó junto a mí. Vi cómo reducía la velocidad para darse vuelta y venir hacia donde yo estaba. Cuando el auto se salió fuera de la carretera y se estacionó delante de mí en la senda lateral de gravilla, pensé: *¡Oh no! Señor, no necesito problemas hoy*

Luego vi con creciente preocupación cómo un enorme policia provincial de tránsito salía trabajosamente del automóvil y caminaba hacia mí. Miró hacia abajo (ambos estábamos de pie) y preguntó:

—¿Qué hace usted?

—Camino hacia Ciudad del Cabo —le contesté, y él me miró con una expresión extraña (probablemente porque yo iba casi en dirección opuesta a Ciudad del Cabo).

Entonces le hablé acerca de Jesús y cómo mi amor por Él me había compelido a caminar por el sur del continente de África para mostrarles el amor de siervo de Jesús a todos con los que me tropezara.

Pude ver que no entendió nada de lo que yo le hablaba; sin embargo, decidió que yo le caía simpático. De hecho, sin duda decidió adoptarme como su proyecto personal de aquel día. Se metió con trabajo en su coche patrullero, le dio vuelta y entonces ¡anunció que iba a escoltarme hasta el próximo pueblo!

Resultaba lo suficientemente extraño verme caminar con la cruz, el lebrillo y el extraño artefacto de tanque de agua que uso para mi ministerio itinerante. Mi nuevo amigo agregó su toque propio al efecto al escoltarme desde el lado opuesto de la carretera en su coche patrullero con sus luces intermitentes azules. Y todo el tiempo, ese policía de tránsito sacaba medio cuerpo por la ventanilla para escucharme hablar acerca de Jesús entre el tránsito que pasaba.

Mientras todo esto sucedía, yo continuaba preguntándole silenciosamente al Señor: *"¿Qué ocurre aquí? ¿Estás haciendo algo hoy en este lugar?*

"¡NO, YO IRÉ AL LADO DE USTED!"

No avanzamos mucho antes de que el motor del coche patrullero empezara a recalentarse debido al paso lento, por lo que le sugerí a mi escolta que marchara delante y me esperara en la cresta de una colina distante que le señalé. Él protestó en afrikaans:[9] *"Nee ek ry saam met jou!"* ("¡No, yo iré al lado de usted!")

¡Viajamos sólo una corta distancia cuando el chófer de una camioneta dio un frenazo y saltó de ella! Resultó que aquel hombre era evangélico, y empezó a intercambiar con entusiasmo anécdotas conmigo en tanto que el agente de policía de carreteras sacaba su torso aun más por la ventanilla a fin de satisfacer su creciente curiosidad.

Justamente antes de que el hombre se marchara, me impuso las manos y oró por mí. Entonces sacó de su bolsillo el equivalente a dos billetes de diez dólares y me los apretó en la mano antes de irse. Entonces miré a mi escolta semioficial, el cual se hallaba completamente confundido, crucé la carretera y le dije:

—Dios es bueno, ¿no le parece?

—Mire –continué—, el Señor quiere bendecirlo con diez dólares.

—No puedo aceptar su dinero –protestó.

Pero cuando le aseguré que Dios quería bendecirlo, tomó el dinero renuentemente. Nos pusimos otra vez en marcha y, a pesar de los tratos de Dios conmigo esa misma mañana, le pregunté de nuevo: *¿Señor, qué sucede aquí hoy?* (Obviamente, todavía no era yo consciente de mi ceguera espiritual.)

La oscuridad empezó a cerrarse sobre nosotros y el policía insistió en que yo viajara en su coche a fin de que no me atropellara el tránsito que pasaba. Dejó de insistir cuando le expliqué que el Señor me había dicho específicamente que caminara y que no aceptara que nadie me montara en su vehículo. Continué mi recorrido hasta horas de la noche con la brillante luz azul que centelleaba en la oscuridad.

LA POLICÍA ME ESCOLTA HASTA LA CASA

Mi escolta paciente y fielmente me siguió hasta la entrada de la ciudad en que estaba estacionada nuestra casa remolque. En las afueras de la población, finalmente accedí a montar en el auto de mi nuevo amigo y a permitirle que cargara mis utensilios. Entonces encendió sus brillantes luces de persecución e hizo sonar fuertemente la sirena lo suficiente como para despertar al pueblo entero. Me condujo con gran deleite a través del pueblo, girando en dos ruedas por las esquinas, dándose prisa a llevarme hasta mi remolque en un estilo clásico de persecución de las películas policiacas de Hollywood. Me aguanté fuertemente temiendo por mi vida, pero todavía seguía preguntándome: *¿Señor, qué sucede aquí hoy?*

Desearía tener una foto de la expresión de Carol cuando al fin el coche se detuvo delante de nuestro remolque con un chillido de neumáticos, las centelleantes luces y la ruidosa sirena. ¡Ella pensó que me habían arrestado! Sólo entonces caí en cuenta de lo que Dios había intentado mostrarme todo el día: que yo estaba justamente *en medio* de lo que Él estaba haciendo. Una vez más me había extendido su gracia en medio de mi insensibilidad a su Espíritu.

Invitamos al policía de tránsito al remolque y le hablamos acerca del amor redentor de Jesús. Él guardó silencio de repente y escuchó con atención. Empezó a comprender lo que Jesús había hecho por él en la cruz.

Finalmente se sentó afuera —en la escalera de entrada de nuestro remolque— y, con la humildad de un niño, metió sus pies en el lebrillo. Era un estudio en contrastes, porque bajo cualquier otra circunstancia el uniforme del policía y su gran estatura habrían resultado intimidantes.

Recibió en silencio a Jesús como su Señor y Salvador y nos dijo que toda su vida había luchado contra el alcoholismo. Echamos fuera el espíritu de alcoholismo en el nombre de Jesús, y vimos cómo el coche de policía se perdía en la distancia.

UNA CONTINUACIÓN DE ESTA HISTORIA SURGE DE LA NADA

La historia tuvo una hermosa continuación casi dos años después y a 1.200 millas de distancia. Cuando salía de una población y me encaminaba hacia otra llamada Mossel Bay en el extremo meridional de África del Sur, un automóvil pareció salir de la nada y detenerse a mi lado. Al instante reconocí las rayas rojas, y la estrella y luz azules de un coche de la Patrulla de Carretera de la Provincia del Cabo.

Entonces el chófer se asomó por la ventanilla del automóvil y me preguntó:

—¿No se acuerda usted de mí?

Mi corazón saltó de alegría.

—¡Claro que me acuerdo de ti! Te llamas Danie. Eres famoso mundialmente. He hablado a las personas acerca de ti en varias partes del mundo

Él salió de su automóvil y corrió por la carretera para abrazarme con un entusiasmo impresionante.

—¿Todavía estás en los caminos del Señor? — le pregunté de inmediato.

Me dijo que sí y me contó con entusiasmo acerca de la obra del Señor en su vida. Me preguntó si yo recordaba haber echado fuera de él el espíritu de alcoholismo, y entonces me dijo que ¡había sido totalmente liberado! Resultó que él era miembro de la iglesia de Mossel Bay donde yo iba a predicar la noche siguiente.

La próxima noche, cuando entré en la iglesia, vi a Danie y a su esposa sentados en la abarrotada congregación. Sabía que el testimonio de la conversión de Danie que yo había compartido alrededor del mundo se enfrentaría a su prueba más fuerte allí mismo, en su propia iglesia.

LA CONGREGACIÓN RIÓ A CARCAJADAS

Narré la historia exactamente como siempre lo hacía, con todos los detalles gráficos y cómicos. La congregación reía a carcajadas según contaba yo la historia, y nadie sospechaba que su principal personaje se hallaba sentado entre ellos.

Observé que Danie y su esposa aplaudían y se reían conforme compartía yo punto tras punto. Él a menudo movía la cabeza en señal de asentimiento. Me sentí estimulado por su amplia sonrisa. Al describir cómo rindió su vida al Señor y fue echado fuera el espíritu de alcoholismo, la congregación fue visiblemente conmovida.

Entonces me incliné hacia delante y les dije: "¡Él se encuentra esta noche entre nosotros! Se llama Danie y está sentado ahí mismo." La congregación al instante irrumpió en una sostenida ovación y en acciones de gracias a Dios. (No puedo evitar pensar en mi fuero interno: *Señor, de veras que me alegro de que uno de los dos sabía lo que estaba haciendo en aquel lugar hace dos años.*)

Todos tendemos a mirar las cosas con nuestros ojos naturales en vez de con los sobrenaturales. Yo les llamo a esos ojos sobrenaturales "los ojos de Jesús", y le pido al Señor que cada nuevo día pueda yo usarlos cada vez más.

VEAMOS EL MUNDO COMO LO VEÍA JESÚS

La Palabra de Dios revela la manera en que Jesús miraba a las personas, las ciudades y las naciones: con ojos compasivos. El Evangelio de Lucas nos dice que cuando Jesús se acercó a Jerusalén, y *vio* la ciudad, empezó a *llorar* sobre ella.[10] A veces el ministerio de servir hace que uno vea algo que lo conmoverá hasta derramar lágrimas.

En otra ocasión María y Marta le enviaron un mensaje a Jesús de que su hermano Lázaro estaba moribundo. Jesús se demoró intencionalmente hasta que Lázaro murió; y cuando al fin llegó, cada una de las hermanas le dijo "Señor, si hubieses estado aquí, mi hermano no habría muerto."[11]

Jesús sabía que el Padre lo había enviado y sabía lo que estaba a punto de hacer (resucitar a Lázaro de los muertos). No obstante, cuando Jesús llegó y *vio* el dolor humano ocasionado por la muerte y la pérdida de un ser querido en aquellos que amaba, se echó a llorar con ellos con tal

La compasión y la sensibilidad no son suficientes para los siervos verdaderos; el amor genuino debe compelirlos e impulsarlos a acciones físicas de servicio bajo la guía del Espíritu Santo.

pasión que los judíos que lo observaban dijeron: "[...]Mirad cómo le amaba."[12] Cuando miramos con los ojos de Jesús, no podemos permanecer indiferentes.

Jesús también miraba a las personas con ojos que eran extremadamente sensibles a las necesidades ocultas de los que le rodeaban. Cuando una mujer que padecía de una condición incurable de hemorragia se acercó a Jesús en medio de una densa muchedumbre, Él se dio cuenta del toque de ella y percibió su necesidad. ¡Esto es asombroso, porque Jesús estaba rodeado por un mar de personas!

Cuando Jesús miró a la mujer, ella tembló porque pensó que había sido "sorprendida", pero Jesús tenía otra cosa en mente. Él le dijo: "[...] Hija, tu fe te ha sanado; ve en paz."[13] *Él miraba con ojos sensibles* y decía palabras de estímulo: "Confiad. No tengáis miedo"

La compasión y la sensibilidad no son suficentes para los siervos verdaderos; el amor genuino debe compelerlos e impulsarlos a acciones físicas de servicio bajo la guía del Espíritu Santo. El amor de siervo es un amor activo, y nadie puede resistirse al amor en acción.

ARRIBA ES ABAJO Y ABAJO ES ARRIBA

Jesús nos advirtió mediante sus enseñanzas que el amor de siervo se basa en el principio de promoción y de poder en el reino de Dios de que abajo es arriba y viceversa. Como señalamos antes, Jesús les dijo a sus discípulos: "[...]cualquiera que quisiere hacerse *grande* entre vosotros, será vuestro *servidor*."[14]

El estilo de vida del Señor fue la prueba vívida de que bajar es la manera de subir. Él les lavó los pies a sus discípulos, ayudó a los pescadores a que lograran capturas extraordinarias y sirvió a millares de personas sanándolas, liberándolas, instruyéndolas e incluso proporcionándoles comida sobrenaturalmente. Mostró gran empeño en resucitar a Lázaro de los muertos. Después de su resurrección les cocinó desayuno a los discípulos luego de una fatigosa noche de pesca. Se atrevió a desafiar el poder absoluto del Sanedrín únicamente para tocar a los leprosos inmundos, perdonar a las prostitutas, abrir los ojos ciegos y restaurar los brazos secos. Y la lista sigue y sigue.

Aunque Dios nos llamó a Carol y a mí a hacer una declaración profética del amor de siervo del Señor, es *en esta esfera en sí* en la que más Él me desafía.

Una mañana invernal atravesaba yo los hermosos campos de caña de azúcar de Natal, África del Sur, en compañía de un joven de Islandia. Nos fijamos en una figura inclinada que se hacía visible a lo lejos. La figura, que parecía ser un anciano campesino, usaba ambas manos para apoyarse pesadamente en un largo palo según descendía cojeando por el camino.

Esa mañana en particular, llevaba yo mi cruz y mi lebrillo; pero accidentalmente no traía por primera vez mis toallas, debido a algunas complicaciones menores. Cuando nos aproximamos a la lenta figura, cruzamos la carretera para hablar con el anciano. Para sorpresa nuestra, no era una persona de avanzada edad. Este zulú[15] tendría entre 30 y 40 años, pero cuando echamos un vistazo a sus pies, supimos por qué parecía tan viejo.

Estaba intentando caminar con las piernas leprosas más trágicas y sanguinolientas que yo jamás hubiera visto. Con una mezcla de palabras en inglés y en zulú, le preguntamos al hombre a dónde iba. Nos dijo en zulú que se dirigía a Murchison.

CADA PASO ERA UNA AGONÍA

Había un hospital misionero en Murchison, pero se hallaba por lo menos a 12 millas de distancia de dónde estábamos parados, y la superficie del camino era increíblemente escabrosa. Cada paso que el hombre daba con sus pies enfermos y sangrantes debe de haber sido angustiosamente doloroso. Nos dijo que tenía que ir caminando porque no podía permitirse el lujo de alquilar un taxi.

Normalmente no llevo dinero conmigo en los recorridos, pero metí la mano en el bolsillo y encontré —para mi sorpresa—, que tenía la cantidad exacta que el señor necesitaba para la tarifa del taxi. Puse el dinero en su mano y me volví para continuar mi caminata. *Después de todo*, me dije, *no puedo ministrarle más porque no tengo mis toallas conmigo*. Nos dijimos adiós y él se alejó, pero yo no había avanzado más de unos diez pasos cuando oí decir a una vocecita dentro de mí: "Me has contristado; no le lavaste los pies, ni le mostraste mi amor de siervo."

Desanduve mis pasos rápidamente y puse la cruz en el suelo. Abrí el grifo de mi tanque de agua y empecé a llenar el lebrillo y lo ayudé a acomodarse en mi pequeña silla plegable. Todavía puedo recordar los mordiscos de la fría brisa invernal que soplaba por mis brazos y la parte posterior de mi cuello.

Bajo la mirada de mi joven compañero islandés, dije: "No sé si jamás podríamos hacerle entender lo que estamos a punto de hacer. Sencillamente tendremos que confiar en que el Espíritu Santo se lo muestre." Entonces tomé los pies lacerados y sangrantes que estaban ante mí y los puse suavemente en el lebrillo. Al yo lavar y aliviar los pies leprosos de ese hombre, pude sentir lágrimas tibias acumulárseme en los ojos según le pedía al Señor que lo ayudara a entender su amor consolador y servicial.

"QUÍTATE LA CAMISETA Y SÉCALE LOS PIES"

Al terminar, clamé con una oración desesperada aunque silenciosa: *¡Señor, ahora no tenemos ninguna manera de secar sus pies!* Entonces percibí al Espíritu Santo decir: "Quítate la camiseta y sécale los pies."

Me quité la camiseta y la usé para enjugar sus pies suavemente. Cuando los pies del hombre quedaron totalmente secos, la sangre y el pus habían empapado la tela, pero de algún modo sabía yo que Jesús habría hecho por lo menos eso y mucho más. Entonces nos despedimos de nuevo y volvimos a emprender nuestra caminata. Al llevar en la mano la camisa ensangrentada, era yo agudamente consciente de que sentiría los mordiscos del viento helado por el resto del día. Esa noche percibí que el Espíritu Santo me decía: "Ni la carne ni la sangre le revelarán esto a él sino vuestro Padre que está en los cielos. En cuanto lo hicisteis a uno de estos[…], á mí lo hicisteis."

Logré oír a Dios esa vez, pero ha habido otras ocasiones en que he sido insensible a su mansa voz y sencillamente he dejado pasar la oportunidad. Carol y yo vivimos en una bella zona de Port Elizabeth, una ciudad costera. Podemos ver desde nuestra casa hasta aproximadamente 20 millas alrededor de la bahía, y estamos a sólo 700 yardas de la playa. En medio de la carretera que lleva al litoral hay una zona de hierba que divide en direcciones opuestas el flujo del tránsito. Esa carretera tiene un semáforo en la intersección con la calzada de la playa.

Hace algún tiempo, un joven desamparado empezó a acampar en la isleta de tránsito junto al semáforo. Al principio estaba bastante presentable; pero con el tiempo su apariencia se deterioró notablemente, pues se dejó crecer una larga barba y su cabello se volvió una maraña.

"POR FAVOR, HAZ QUE VUELVA"

Un día le pasé por al lado a este hombre en la isleta de tránsito y percibí que el Señor me decía: "Esta noche, cuando Carol sirva tu cena en la mesa, *tráesela a él.*" Cuando llegué a la isleta de tránsito esa tarde, el hombre se había marchado y nunca lo volví a ver. Le pedí a Dios: "Por favor ayúdame. Haz que vuelva." Desgraciadamente, supe unas semanas más tarde que alguien había herido al joven mortalmente de un disparo allí mismo en la isleta de tránsito. Desde entonces, le he pedido muchas veces a Dios que me ayude porque a veces desaprovecho las oportunidades.

¿Los ojos de quién usa usted cuando entra en su trabajo cada día? ¿Entra usted en la oficina o la fábrica y sencillamente saluda al "viejo" Pedro que ha estado allí durante 20 años o a María que ha estado 15? ¿Les dice simplemente "Hola" o los mira con la vista sobrenatural de Jesucristo

Pídale constantemente a Dios que cambie su corazón y Él lo hará. En los primeros tiempos, luego que Dios me llamó a llevar la cruz y el lebrillo, yo no era muy dado a llorar. De hecho, casi nunca lloraba (ahora lloro todo el tiempo). Durante catorce meses durante ese período inicial, Dios me habló todos los días y le hizo algo a mi corazón. ¡Ni siquiera podía mirar las noticias de la tarde sin echarme a llorar! Hasta lloraba cuando conducía el automóvil. Llegó a ser tan común que Carol me decía: "¡Vaya, ya empiezas otra vez!"

Jesús estaba quebrantando mi corazón y cambiándome para que yo pudiera empezar a ver con sus ojos y a servir con su corazón de siervo. Permita que le haga lo mismo a usted. *Cuando toque usted al Señor en la habitación del trono de la intimidad, su fe se transformará en servicio.* Es allí donde Él lo transformará y lo preparará para que llegue usted a ser un contagiador de su amor de siervo. Permita que Él lo dote de ojos de siervo en el pozo de la intimidad.

Notas

1. Entienda, por favor, que *no* propongo que Jesús haya venido *únicamente* para darnos una experiencia de apertura de ojos o sencillamente para cambiar nuestra manera de pensar. particularmente en el contexto del desarrollo de un corazón de siervo; con todo, esos aspectos sólo son incidentales o complementarios a su propósito central: entregar su vida como el Cordero sacrificado de Dios que quitaría el pecado del mundo.
2. Juan 4:35.
3. Véase Hechos 3 y 4.
4. Hebreos 12:2.
5. Santiago 2:15-17.
6. Véase Isaías 6:9.

7. Isaías 42:18-20.
8. Isaías 42:16.
9. El afrikaans es uno de los idiomas oficiales de la República de África del Sur. Es una derivación del holandés del siglo diecisiete.
10. Véase Lucas 19:41.
11. Juan 11:21,32.
12. Juan 11:36.
13. Lucas 8:48.
14. Marcos 10:43 (cursivas del autor).
15. Este hombre era miembro de la tribu zulú. En el siglo diecinueve, la nación zulú desafió el poderío del Imperio Británico. Los zulúes fueron en una época los guerreros más temidos del África.

CAPÍTULO OCHO

ESCUCHAR CON LOS OJOS Y VER CON LOS OÍDOS

HABLA TOMMY

Si su automóvil fue fabricado después de la caída del muro de Berlín, usted automáticamente supone que cuando llegue el momento de hacerle una afinación al motor, su distribuidor conectará su coche a una de esas máquinas electrónicas que analizan el funcionamiento del motor y ofrecen recomendaciones para solucionar los problemas.

Las cosas funcionan diferentemente en los boxes de las pistas de carreras profesionales. Tal vez veamos allí algunas de esas unidades de afinación de motores, pero raras veces se conectan a ellas las modernas máquinas fabricadas por encargo que propulsan los coches de carrera de los Grand Prix y de otras competiciones automovilísticas. Los mecánicos experimentados ponen personalmente a punto esos coches usando sus *oídos* para "ver" el funcionamiento interior de los motores que fabrican. "Oyen" mirando el funcionamiento, los ritmos y las marcas de cronometraje de las máquinas, al hacerlas correr a varias velocidades.

Un mecánico experimentado de los boxes —incluso de espaldas a la pista— puede escuchar pasar rugiendo un coche de carreras y luego decirnos el fabricante exacto y el tamaño del motor bajo el capó. Es todo cuestión de escuchar con los ojos y ver con los oídos.

Todos entramos en este mundo con el mismo conjunto de equipamiento básico. Lo que nos pone aparte entre nosotros es cómo usamos lo que se nos ha dado. Nuestro encuentro con el Siervo de Dios debe cambiar permanentemente la manera en que usamos nuestro conjunto de equipamiento. Las primeras cosas de las que debemos deshacernos son nuestras *presuposiciones* sobre las personas basadas en los estereotipos y en la opinión pública. Dios quiere que escuchemos con nuestros ojos y que veamos con nuestros oídos.

UN PROSCRITO SOCIAL DE POCA ESTATURA CONSIGUE UN HUÉSPED

Eso me recuerda al agente de más alto rango de una gran oficina de recaudación de impuestos que era un conocido estafador y una de las personas más adineradas de su ciudad. Él siempre se vestía con lo mejor de lo mejor, pero eso no lo ayudaba a superar su condición de hombre seriamente desafiado en cuanto a su estatura y de absoluto marginado social. Tenía una de las mansiones más hermosas de la región, pero nadie quería visitarla.

Cuando llegó a la ciudad un predicador muy famoso, muchos de los residentes se presentaron para saludarlo. Con toda la emoción, surgió una fiesta callejera espontánea. Entretanto, aquel adinerado agente de impuestos desafiado en cuanto a su estatura decidió que vería a ese hombre a toda costa. Sabía que no tendría ninguna oportunidad en la revuelta muchedumbre al menos por dos razones: la primera, él era bajito ("desafiado en cuanto a su altura" para los políticamente correctos); y la segunda, era el agente de impuestos a quien todos nos agrada odiar.

Su plan "B" era poco ortodoxo pero resultaría exitoso. Él previó a dónde iría el informal desfile y se subió a cierto árbol sicómoro cuyas ramas cubrían la mayor parte del camino. En efecto, la muchedumbre desfiló por la estrecha calle debajo de él y ¡por fin pudo divisar al predicador!

Daría cualquier cosa por conocerlo, pensaba él según se aproximaba el predicador. *Lo primero que haría sería invitarlo a mi casa... aunque sé que él no aceptaría mi invitación.*

De repente, cuando llegó debajo del sitio en el árbol en que se hallaba el agente de impuestos, el evangelista por algún motivo alzó la vista. Entonces dijo la cosa más asombrosa: "[...]Zaqueo, date prisa, desciende, porque *hoy es necesario que pose yo en tu casa.*"[1]

LA MUCHEDUMBRE ABRIÓ PASO PARA QUE EL RECAUDADOR DE IMPUESTOS PUDIERA LLEGAR HASTA JESÚS

La fiesta callejera casi se detuvo en seco cuando los pobladores oyeron lo que dijo el predicador. Zaqueo del susto casi se cae de la rama del árbol, pero bajó rápidamente de su percha, y la muchedumbre, asombrada, abrió paso para que el recaudador de impuestos pudiera llegar hasta Jesús en medio de la calle. La reacción de la muchedumbre fue inmediata. "[...]que había entrado a posar *con un hombre pecador.*"[2] No podían creer que este santo varón pudiera descender tan bajo. ¡Era ilícito que alguien que fuera tan recto se asociara con un individuo que estuviera tan abajo!

Zaqueo tuvo su propia reacción a las palabras de Jesús: "[…]*He aquí*, Señor, *la mitad de mis bienes* doy a los pobres; y si en algo he defraudado a alguno, *se lo devuelvo cuadruplicado*."[3]
El Maestro sólo había dicho que quería ir a cenar, y este hombre juró delante de sus enemigos que regalaba la mitad de todo lo que poseía y, además, reembolsaría a los que había estafado en una proporción muy superior a lo que requería la ley.

Cuando Jesús miró a Zaqueo en el árbol, *vio* a un hombre de gran corazón que tenía hambre de Dios. Todos los demás veían a un estafador codicioso de corazón que haría cualquier cosa por alcanzar reconocimiento, poder y aceptación.

Cuando las personas oyeron que Zaqueo dijo que donaría el dinero y que reembolsaría a los que había estafado, pensaron: *Ahí va de nuevo. Ese marginado social intenta impresionar a Jesús para su propio beneficio*. Jesús oyó el fruto del arrepentimiento genuino y dijo:

> *[…]Hoy ha venido la salvación a esta casa; por cuanto él también es hijo de Abraham. Porque el Hijo del Hombre vino a buscar y a salvar lo que se había perdido.*[4]

¡ZAQUEO DESEABA A DIOS DESESPERADAMENTE!

La opinión pública prevaleciente sostenía que Zaqueo era un marginado social que se hizo rico estafando a los demás; Jesús veía a un marginado del cielo que desesperadamente quería encontrar a Dios, incluso si ello significaba perder todo lo que poseía en la tierra.

Algo pasó ese día en Jericó, lo cual he descrito en mi libro *El equipo soñado por Dios*:

> Cuando se crea una receta, hay a menudo un solo ingrediente *catalizador*. Un catalizador es algo que desencadena o inicia cambios considerables cuando entra en contacto con otros elementos. Si ese ingrediente catalizador particular falta de la receta, entonces todo el pastel se desmorona. Recuerdo cuando mi hermana estaba aprendiendo a cocinar, que no entendía la diferencia entre el bicarbonato de sosa y la levadura en polvo. Para los principiantes, se trata de un mero asunto de semántica. Sin embargo, significa la diferencia entre un pastel que crece como es debido, mientras llena la casa de un sabroso aroma cuando se hornea, o uno que huele bien, pero que no tiene ni la apariencia ni el sabor apropiados. *Un*

solo ingrediente puede ser el factor determinante entre el éxito y el fracaso, entre la victoria y la derrota.⁵

Al escuchar con los ojos y ver con los oídos, Jesús miró más allá de lo obvio para percibir con precisión el anhelo del corazón de Zaqueo. Al invitarse a sí mismo a cenar, Él se convirtió en el catalizador que liberó esperanza, fe y salvación para Zaqueo, el marginado social y conocido estafador.

Jesús nos dio a ti y a mí la misma unción y responsabilidad que le mostró a Zaqueo en Jericó. Como verdaderos siervos de Dios, es hora de que escuchemos y miremos de un nuevo modo.

HABLA DAVID

UN VERDADERO SIERVO DISCIERNE LO QUE NO ES OBVIO

La descripción de Tommy de la situación con Zaqueo ilustra un punto importante: A veces lo que no resulta aparente y lo que no se ve es más importante que lo obvio. El problema es que lo que no resulta aparente y lo que no se ve debe percibirse desde una perspectiva diferente, usando nuestros sentidos en maneras nuevas según nos guíe el Espíritu Santo. *Una de las principales dimensiones de un verdadero corazón de siervo es poder discernir lo que no resulta obvio.*

El discernimiento es uno de los dones más importantes que Dios nos da como hijos suyos. La Biblia dice: "Pero vosotros tenéis la unción del Santo, y conocéis todas las cosas."⁶ El discernimiento ha sido a lo largo de los años mi "compañero" primordial en mis relaciones con líderes de la iglesia y con las personas en las calles. He aprendido que el discernimiento es especialmente importante cuando me aproximo por primera vez a pueblos o ciudades cuando ministro en mis recorridos.

Dos de mis acompañantes y yo estábamos en un largo y caliente recorrido de ministerio. Nos hallábamos entre las cataratas de Victoria y Lusaka en Zambia, África, y estaba empezando a anochecer cuando nos acercamos a una pequeña aldea. Sus habitantes estaban preparándose diligentemente para el anochecer recogiendo agua y leña para sus fogones antes de que oscureciera.

Al entrar en la aldea, lo primero que discerní fue la presencia de un predominante espíritu de religiosidad. Me pareció extraño, porque no había ningún centro religioso grande, ni estructuras de culto o símbolos de ocultismo visibles en la aldea. No obstante, tenía yo una impresión de represión o de presentimiento en mi espíritu de que alguna clase de espíritu de religiosidad que moraba en la aldea, estaba fuera de contacto con el cristianismo verdadero.

Nuestra primera tarea era encontrar un lugar conveniente donde dormir. Había una comisaría de policía en la aldea, pero comisarías como esa en la mayoría de las pequeñas aldeas zambianas tenían "clubes policíacos" próximos a ellas. Esos clubes no son otra cosa que depravados bares que atraen toda clase de actividades, lo cual hace que sea imprudente acampar cerca de ellos. Comprendimos con rapidez que no podíamos pasar la noche en la aldea, y ésa fue una difícil realidad de aceptar después de un día tan largo y agotador.

Entonces, para nuestro deleite, descubrimos un pequeño templo con una casa a su lado. Había una alta cerca alrededor de la propiedad, pero el letrero en el portón nos tranquilizó de que se trataba de un ministerio cristiano. Caminé hasta la casa principal y llamé a la puerta. Cuando dos personas blancas me saludaron, me presenté y les expliqué lo que hacía. Les aseguré que nuestra meta era ayudarlos a edificar el reino de Dios en la zona. Entonces les pedí permiso para acampar al fondo de la propiedad y les dije que no les pediríamos nada ni los incomodaríamos en manera alguna.

Una de las principales dimensiones de un verdadero corazón de siervo radica en poder discernir lo que no es obvio.

"AQUÍ NO HAY SITIO ALGUNO PARA USTEDES"

Después de una pausa de quince segundos, me dijeron: "No, ustedes no son de los nuestros. Aquí no hay sitio para ustedes."

No podía creer lo que había oído. Volví con lágrimas en los ojos a donde estaban mis dos acompañantes, y salimos silenciosamente de la aldea y pasamos la noche en el monte.

No pude evitar considerar la amonestación de Jesús de "[...]guárdalos en tu nombre, para que sean uno, así como nosotros".⁷ Desafortunadamente, yo había discernido correctamente. La aldea estaba caracterizada por espíritus religiosos en vez de por corazones del reino.

Aunque parezca extraño, la noche siguiente recibimos un trato contrario en el pueblo siguiente. Esa aldea tenía una personalidad y un espíritu diferente en ella. Era del mismo tamaño que la anterior, y yo podría afirmar que un individuo parecía controlarlo todo en esa pequeña aldea.

Pronto conocimos a "Juanito el Griego", el hombre que era dueño de la licorería, de la carnicería, de la estación de gasolina y del almacén local de distribución general. Era evidente que Juanito no era creyente, pero le expliqué lo que hacíamos y le pedimos si podía buscarnos un lugar seguro donde dormir esa noche.

"TENGO EL LUGAR PRECISO"

"Claro que sí", nos dijo. "Ustedes predican la Palabra de Dios, y yo tengo el lugar preciso." Echamos a correr loma abajo detrás de él según nos llevaba hasta el rastro local (el cual era de su propiedad, claro está). Juanito el Griego le quitó el candado a dos grandes portones de acero, cada uno tan alto como el muro de diez pies de altura que bordeaba la propiedad (el cual tenía en la parte superior grandes pedazos de vidrio roto empotrados en el hormigón).

Con una sonrisa nos hizo entrar y nos aseguró que regresaría la mañana siguiente. Entonces cerró de nuevo los portones con candado y desapareció. Esa noche, me senté en el techo de uno de los autos destartalados y sonreí cuando pensé para mis adentros: *¡Pues bien, Dave Cape, tú, el poderoso hombre del momento, finalmente viniste a parar aquí, a un rastro, a fin de que les ministres a los coches chocados!*

La realidad me entristeció. Los "cristianos" que conocimos la noche anterior nos rechazaron, pero este inconverso nos dio alojamiento. Pensé en un versículo de la Escritura que está en la tercera epístola de Juan:

> Amado, fielmente te conduces cuando prestas algún servicio a los hermanos, especialmente a los desconocidos, los cuales han dado ante la iglesia testimonio de tu amor; y harás

bien en encaminarlos como es digno de su servicio a Dios, para que continúen su viaje.[8]

El discernimiento siempre sirve como un gran aliado y protector, no importa dónde o cómo sirvamos en el reino de Dios. La sabiduría es su compañera cercana. Se sienta a su lado y corona el discernimiento. Esta combinación es esencial en los campos del ofrendar y del aconsejar... dos esferas de servicio asequibles a casi todo creyente, de uno u otro nivel.

Mi esposa Carol tiene una naturaleza generosa y caritativa; y ha descubierto la verdad de que no podemos superar a Dios en cuanto a dar. Sin embargo, adquirió sabiduría con gran dificultad en ese campo cuando sembraba dádivas monetarias en las necesidades económicas de los demás basándose exclusivamente en su compasión. Descubrió que, en algunos casos, los individuos creaban sus propias crisis económicas porque no aprendían las lecciones bíblicas de la mayordomía.

LOS CUBOS ECONÓMICOS AGUJEREADOS DE LOS MAYORDOMOS POBRES

Cuando otros creyentes, generosa aunque ciegamente, vuelven a llenar los cubos financieros con salideros de los mayordomos pobres que son imprudentes o perezosos, pueden de hecho desviar los propósitos de Dios para la vida de estos. Dios quiere que demos generosamente para el establecimiento de su reino, pero no aprueba nuestras decisiones apresuradas de echar el dinero de Él en un hoyo sin fondo. Una vez más, conviene que a la hora de servir miremos más allá de lo obvio.

Algunas personas pueden dar la impresión de que les va bien y que no tienen necesidad de nada. Entonces un día nos enteramos de que su vida sencillamente se derrumbó. *A menudo la verdad se halla tanto en lo que las personas no dicen como en lo que sí dicen.*

Hace algunos años, Carol y yo organizamos un curso de enriquecimiento matrimonial. Una estimada pareja vino a nuestra casa para participar en el curso, pero la primera noche, la joven señora declaró con orgullo que ella y su marido no tenían necesidad de tal curso porque tenían un "matrimonio superior". Cuando llegamos al fin del curso, su matrimonio se desbarató debido a una rara serie de circunstancias y se divorciaron dos meses después. Debimos de haber escuchado lo que esta joven cónyuge *no* dijo tanto como lo que sí dijo.

El profeta Isaías profetizó de Jesús que: "[…]No juzgará según la vista de sus ojos, ni argüirá por lo que oigan sus oídos."[9] Cualquiera que se lance por fe a hacer la voluntad de Dios debe aprender personalmente cómo oír y confiar en Él. Es bueno buscar consejo sabio, pero en última instancia la decisión que tome será entre usted y Dios.

EL SEÑOR NOS DESAFIÓ A QUE VIVIÉRAMOS POR FE

Hace muchos años, cuando Carol y yo abandonamos el ministerio pastoral para llevar la cruz y el lebrillo, sentimos que el Señor nos desafiaba a vivir por fe. Nuestra iglesia nos despidió con las mejores intenciones y ofreció continuar pagando nuestro sostenimiento, pero Carol y yo sabíamos que la economía de la iglesia no daba para tanto.

Al mismo tiempo, Carol y yo –individualmente— recibimos revelación del Señor basada en el versículo de la Escritura: "[…]El justo por la fe vivirá."[10] Los dos sentimos que esta palabra se aplicaba a cada esfera de nuestra vida. En esa etapa la economía estaba sumamente baja, y nuestro ministerio no tenía el perfil público que ahora tiene.

Cuando solicitamos orientación a dos hombres con ministerios establecidos, nos dieron consejos contradictorios. Uno nos dijo: "Siempre presenten sus necesidades por adelantado y denlas a conocer tan ampliamente como les sea posible. Eso facilitará que las personas oren por ellas y sean sensibles a las indicaciones del Señor para sembrar en la vida de ustedes." El segundo hombre nos dijo: "Jamás le cuenten a nadie ni una sola de sus necesidades. Aun cuando estén sosteniéndose a pan y agua, resérvenselo. Si alguien les pregunta, díganle que les va bien."

Al final, decidimos confiar absolutamente en Dios para que les hablara a creyentes *discernidores* sobre nuestras necesidades no hechas públicas cuando éstas ocurran o, si fuera necesario, suplirlas por otros medios. Más de una década después, Carol y yo podemos decirle que Dios ha suplido todas nuestras necesidades "conforme a sus riquezas en gloria", tal como declara su Palabra.[11]

LAS COSAS IMPORTANTES QUE NO VEMOS

¿Ha examinado usted alguna vez una casa que alguien maquilló para venderla? Más precisamente, ha visto una casa que alguien ha remendado sólo lo suficientemente como para que *se vea* mejor de lo que realmente está? El vendedor espera que los compradores potenciales no pregunten qué hay debajo.

Quizá los dueños le quitaron todo el moho y el yeso podrido y lo reemplazaron con capas frescas de revoque para ocultar los problemas originales. Rellenaron con masilla las crecientes grietas de las paredes y de los cimientos y luego pintaron encima de ellas. La plomería cuestionable recibió una dosis liberal de líquido limpiador de desagües, y envolvieron apresuradamente con cinta adhesiva o disimularon las tuberías agujereadas el suficiente tiempo como para que pasaran la inspección de posibles compradores.

Claro, que puede usted contar conque los vendedores arreglarán el jardín, fertilizarán y cortarán el césped, y se asegurarán de que las plantas hayan florecido plenamente. Todo puede parecerle bien al ojo humano, pero una vez que los nuevos propietarios se muden e intenten colgar su primer cuadro, puede que descubran que la pared en realidad estaba hueca cuando se venga abajo un gran trozo de yeso. Luego descubrirán madera podrida debajo de la alfombra, y así continuará la triste historia.

A veces sólo vemos cosas en la vida de las personas después que empiezan a servir, lo cual hace que sea imperioso que aprendamos a mirar a través y más allá de las apariencias superficiales. Las palabras de Jesús a Tomás el discípulo aplaudieron a aquéllos cuya fe va más allá de la percepción natural del ojo. Él dijo: "[…]Porque me has visto, Tomás, creíste; bienaventurados los que *no vieron*, y creyeron."[12]

Tommy y yo –por separado— tenemos la oportunidad de visitar muchas iglesias diferentes alrededor del mundo en el curso de nuestro ministerio. Normalmente, luego que entramos en una iglesia, no nos lleva mucho tiempo hasta descubrir exactamente lo que allí ocurre. Nuestra primera impresión tal vez sea que todo marcha bien, pero más tarde descubrimos que hay problemas serios.

SI EL CORAZÓN ESTÁ MALO, EL CUERPO ESTÁ EN PELIGRO

Las iglesias saludables son como los cuerpos humanos saludables. Si el corazón de la iglesia está lleno de la vida de Dios, entonces influirá en la salud y apariencia del cuerpo entero. Si el corazón está malo, pone en riesgo al resto del cuerpo (tanto el que se ve como el que no se ve).

Escuchar con los ojos y ver con los oídos

No estamos menospreciando la excelencia. Creemos que Jesús es un salvador de gran excelencia. Hay una gran diferencia sin embargo, entre la excelencia y la perfección. *La perfección es la ley; la excelencia es la gracia.*

Hace algunos años, cuando yo estaba en Israel, me tropecé con un pastor beduino que trabajaba con sus ovejas. Me sorprendió la manera singular en que él trabajaba con sus ovejas. En las naciones occidentales, los pastores tienden a caminar detrás de sus ovejas y conducirlas en rebaños con la ayuda de perros ovejeros que responden al sonido de un silbato.

Este pastor beduino usaba los mismos métodos descritos hace miles de años en la Biblia. Un pastor del medio oriente camina delante de sus ovejas, y ellas lo siguen cuando él las llama. Es por eso que Jesús les dijo a sus seguidores del Medio Oriente: "Mis ovejas *oyen mi voz*, y yo las conozco, y me *siguen*."[13]

IGLESIAS QUE REPARAN SUS GRIETAS PARA PARECER QUE ESTÁN BIEN

Yo creo que muchas excelentes iglesias han perdido miembros porque sus pastores a menudo empujan a las ovejas en lugar de permitirse ser pastores al estilo hebreo, que las guíen mediante el ejemplo y las alimenten por medio del amor más que del temor. Algunas iglesias reparan sus agrietados y mohosos rincones oscuros sólo lo suficientemente como para que se vean bien en la superficie.[14] Si uno empieza a rascar el tenue barniz de la superficie, encontrará a miembros que, debido a que los empujan, están agotados y caminan tambaleándose. Lo que realmente importa no es lo que vemos sino lo que no vemos.

Algunas personas en las iglesias locales quizá parezcan no estar necesitadas. Tal vez reciban huéspedes en su hogar y sirvan con gracia y excelencia a amigos y a extraños por igual. Sus hijos puede que parezcan hacer y decir todo correctamente, y las tarjetas y llamadas telefónicas de estímulo de ellas siempre llegan a tiempo.

Conocemos a una pareja muy exitosa que tiene un corazón caritativo. Su generosidad y hospitalidad se extienden más allá de lo que uno encuentra comúnmente. Consuelan fielmente a los sufrientes y les ofrecen hospitalidad a los que por allí pasan. A menudo organizan cenas en su casa para honrar a amigos o a creyentes fieles con excelente comida y amable compañerismo en el Señor.

Sin embargo, esta pareja nos confió a Carol y a mí que estaban sorprendidos de que nadie en su iglesia los había invitado a su casa jamás. Estaban perplejos de por qué jamás nadie se ponía en contacto con ellos, aunque no esperaban que lo hicieran.

Algunos quizá sientan que no pueden igualar el nivel de esta estimada pareja. Otros, por otra parte, tal vez sientan que ese matrimonio la pasa tan bien que no necesitan ser invitados a ninguna parte.

Visto superficialmente, tal vez parezca que esta pareja no tiene ninguna necesidad; con todo, el deseo del corazón de ellos es poder responder de manera normal a la amistad natural de quienes los rodean. Una vez más, *no es tanto lo que vemos sino lo que no vemos*. Mantengámonos alerta y respondamos con rapidez a los estímulos del Espíritu Santo. Escuchemos con los ojos y veamos con los oídos.

HERIDAS QUE DESAFÍAN LA DETECCIÓN

A veces el bienestar de los que servimos quizá dependa de nuestra capacidad de discernir con precisión las necesidades y heridas que desafían la detección con el uso normal de nuestros ojos y oídos. Demasiado a menudo los creyentes se encuentran atrapados porque se meten en situaciones e inmediatamente ponen en funcionamiento lo natural en vez de lo sobrenatural. *No* debemos decidir un curso de acción solamente por lo que vean nuestros ojos u oigan nuestros oídos.

Una vez Carol y yo, por petición de un amigo mutuo, visitamos la casa de una señora. Una dama hermosamente vestida nos saludó en la puerta, y resultaba claro que era muy refinada. Al entrar en la casa, escuchamos música de alabanza surcar el aire desde un sistema estereofónico. Ella sacó su más fina porcelana para servirnos té y pastel según la clásica tradición surafricana, y todo lo hizo con suma cortesía.

Pensé: *¡Esto es asombroso!* Entonces el Espíritu Santo empezó a advertirme: "Aquí sucede algo raro." Luego caí en cuenta de que todo parecía demasiado perfecto.

—Discúlpeme, señora, ¿cómo le va a su esposo? —le pregunté.

—Oh, ¿mi esposo? Se bautizó en el río Jordán.

Pensé: *¡Santos cielos, hoy no atinas una, ¿no crees?!*

Continuamos bebiendo té con una música de alabanza que llenaba la casa con su melodía; pero al poco rato le pregunté de nuevo a nuestra cortés anfitriona:

—Discúlpeme, hermana, pero ¿cómo le va a su esposo actualmente?

Esta vez las lágrimas empezaron a surcar sus mejillas y nos dijo:

—Habíamos estado separados durante mucho tiempo, y hace muy poco hemos vuelto a unirnos.

—¿Y no les va bien, ¿no es cierto? —le pregunté suavemente.

Ella asintió y admitió que yo tenía razón, y entonces empezamos a ministrarle a fondo.

Carol y yo sencillamente pudiéramos haber entrado allí y haber dicho: "¡Maravilloso! Esta mujer es una gigante espiritual"; pero entonces habríamos dejado de conocer del todo lo que allí ocurría. En cambio decidimos no mirar lo que nuestros ojos veían o decidir por lo que nuestros oídos oían.

MIRAR MÁS ALLÁ DE LO NATURAL A LO SOBRENATURAL

Los patrones rutinarios y las apariencias de la vida en la esfera natural pueden adormecernos y cegarnos a las oportunidades sobrenaturales y a la provisión de Dios. Superamos esos obstáculos que entorpecen el discernimiento *al mirar lo sobrenatural que yace detrás de lo natural*. Los que aprenden a hacerlo pueden cambiar el curso de historia.

Usted y yo no podemos darnos el lujo de hacer lo que debemos sin convicción. Todos los días son días de destino para los que estén determinados a mirar a través y más allá de lo natural para tocar el plan sobrenatural de Dios para su vida.

Notas
 1. Lucas 19:5 (cursivas del autor).
 2. Lucas 19:7 (cursivas del autor).
 3. Lucas 19:8 (cursivas del autor).
 4. Lucas 19:9,10 (cursivas del autor).
 5. Tommy Tenney: *El equipo soñado por Dios: Un llamamiento a la unidad* (Miami, Florida: Editorial Unilit, 2000), p. 128.
 6. 1 Juan 2:20.
 7. Juan 17:11.
 8. 3 Juan 1:5,6.
 9. Isaías 11:3.
10. "El justo vivirá por la fe" se cita o menciona cuatro veces en el Antiguo y en el Nuevo Testamento: Habacuc 2:4; Romanos

1:17; Gálatas 3:11; Hebreos 10:38. En Romanos 3:26 se expresa la misma idea.
11. Filipenses 4:19.
12. Juan 20:29 (cursivas del autor).
13. Juan 10:27 (cursivas del autor).
14. Tommy Tenney aborda más extensamente el problema de las "grietas escondidas" de la falta de unidad en iglesias y ministerios y cómo se las repara en *El equipo soñado por Dios: Un llamamiento a la unidad*, pp. 90,91.

CAPÍTULO NUEVE

CÓMO TORNAR LA DESILUSIÓN EN UNA CITA CON DIOS

HABLA TOMMY

Las personas grandes de Dios tienen el don de convertir sus *desilusiones en citas divinas*. Se trata de individuos cuyos nombres nos parecen familiares hoy aunque murieron hace cientos o incluso miles de años.

Moisés falló totalmente como libertador en su primer intento. Su idea de liberación fue matar a un egipcio cuando lo vio maltratar a un esclavo hebreo. Su error y pecado lo convirtieron tanto en un forajido para su familia adoptiva de casa de Faraón como en un peligroso intruso para su nativo pueblo hebreo.

Según todas las apariencias, Moisés desvió su destino al cometer el homicidio, porque se pasó los cuarenta años siguientes en el lo más recóndito del desierto de Sinaí. Sin embargo, un encuentro sobrenatural con Dios tornó su desilusión en una cita divina. Moisés demostró fidelidad a su nuevo llamamiento en el Señor, y esta lo ayudó a desafiar el poderío de Faraón y a cambiar el curso de la historia.

Pedro fue el primer discípulo en reconocer la deidad de Cristo y el único hombre que nosotros conocemos en la Biblia, aparte de Jesús, que caminó con éxito sobre el agua. No obstante, traicionó a su Señor abierta y descaradamente en Jerusalén, en el patio del sumo sacerdote, y lloró tan amargamente como Judas Iscariote, el otro traidor del Señor.

¿Qué hizo que Pedro fuera diferente a Judas? Ambos hombres traicionaron a Cristo: Judas en secreto y Pedro en público. Uno se ahorcó de un árbol solitario y el otro llegó a predicar el primer sermón de la historia de la iglesia ante millares de judíos devotos en las abarrotadas calles de Jerusalén en su más importante día santo.

El enemigo trató de "zarandear" a Pedro usando contra él sus fracasos ocasionados por el orgullo, pero Pedro miró más allá de su fracaso y traición a Jesús; y el Señor transformó su desilusión en una "cita con Dios". Eso cambió la vida de Pedro y puso en movimiento el nacimiento de la iglesia en el día de Pentecostés.

Satanás utilizó la inseguridad y codicia de Judas en un esfuerzo por interrumpir la misión de Jesús y el nacimiento de la iglesia, pero fracasó. Parece que Judas sintió remordimiento por su traición a Jesús, pero la Biblia no nos dice que se haya arrepentido o que le haya pedido perdón al Señor. Al final se suicidó, y murió en el pecado y la vergüenza.

Por otra parte, Pedro buscó el rostro de Dios con respecto de sus propios fracasos. Su cita divina con el Cristo resucitado tanto lo cambió que, según la historia de la iglesia, Pedro murió por Cristo en una cruz. Según la tradición, sin embargo, sintió que él era indigno de morir exactamente como había muerto su Maestro, así que le pidió a sus verdugos que lo crucificaran cabeza abajo.

Pedro permaneció fiel a su Señor, incluso después de haberle fallado. Por la gracia de Dios, la fidelidad de Pedro alteró su destino y tornó su desilusión en una cita divina.

LA FIDELIDAD ES COMO EL PEGAMENTO

La fidelidad hace que nos adhiramos a nuestras relaciones, propósitos, compromisos y tareas difíciles a pesar de los obstáculos, dudas o circunstancias adversas. Todos queremos escuchar a Dios decirnos un día: "Bien [hecho], buen siervo y fiel."[1] Sin embargo, Él no dirá *"bien hecho"* si uno no lo ha hecho bien. No dirá *"fiel"* si uno ha sido infiel. Tampoco lo llamará *"siervo"* si uno ha actuado como un amo arrogante. Sus palabras serán la verdad final en ese día.

Necesitaremos el pegamento de la fidelidad si Dios nos asigna amar a alguien que sea difícil de amar a fin de conquistarlo mediante nuestro servicio. Necesitaremos la *fidelidad* a fin de usar exitosamente como arma la toalla de siervo cuando aquellos a quienes sirvamos nos rechacen vez tras vez. En su libro *Nuestra misión*, mi amigo Gene Edwards describe lo que Dios busca en los siervos y cómo deben ellos reaccionar al tratamiento injusto:

> Permítame someterlo a una prueba realmente fuerte y ver si puede usted pasarla. Imaginemos que tiene un buen amigo, el cual es creyente. Imaginemos también que algo se interpone entre ustedes dos. Él le hace algo a usted que es muy contrario al cristianismo. Hace algo que ni siquiera un inconverso haría... La situación es tan mala e injusta, que usted sabe que cualquier cosa que le hiciera a él estaría justificada.
>
> Soporta durante algún tiempo la situación; usted es amable y bueno. Hace todas las cosas religiosas y espirituales. Entonces le llega un informe enteramente nuevo. Él está haciendo cosas hasta peores. Permítame darle alguna idea de lo

que él pudiera llegar a hacerle. Ha mentido acerca de usted. Usted ha sufrido pérdidas. Sus amigos ya no creen en usted... Ha dicho que usted es un mentiroso, un estafador, un hereje, un sectario, un siervo de Satanás, un falso profeta y un Judas. Todo eso lo ha hecho un hombre que una vez dijo que era su amigo...

En medio de todo eso, tome un momento y deténgase. Controle sus emociones. No empiece a pensar mal de ese hombre. No empiece a escuchar al hombrecillo que hay dentro de usted. En cambio, por un momento, ascienda a la montaña y véalo todo a través de los ojos de Jesucristo. Vaya y obtenga la visión celestial (esa visión que *nadie* que pase por un crisis en la vida *jamás* se atreve a admitir acerca de su antagonista). ¿Cuál es el punto de vista *de Él*? Podría asombrarlo... Jesucristo no se siente ofendido por ese hermano. Quizás usted sí pueda estarlo, pero el Señor no lo está. El Señor no ha pedido que caigan las plagas sobre ese hombre. El Señor no ha decidido condenarlo al infierno. El Señor todavía es bondadoso. El Señor todavía está obrando en la vida de ese hermano, tratando de que él desarrolle y profundice más su vida espiritual...

Si eso es lo que el Señor está haciendo, ¿qué deberá usted hacer entonces? En ese negro momento, todo en su vida se desmoronará debajo de usted. ¿Cómo reaccionará usted? ¿Reaccionará a un nivel inferior al de Cristo? Recuerde que Cristo es todo lo que usted necesita. Recuerde que Cristo es todo lo que usted anhela. Por tanto, Cristo es todo lo que debe usted obtener. Al Señor le ha faltado un pueblo que suba a la montaña y vea las cosas desde la perspectiva *de Él*.[2]

Se precisa del pegamento de la fidelidad para permanecer fieles a un cónyuge difícil, a un padre que padece una enfermedad mortal, a un empleador, a un líder espiritual o a un grupo de personas que constantemente lo derriban a uno con sus crueles palabras, airadas traiciones o delirantes disputas. Es la fidelidad lo que ayuda a los siervos a levantarse de nuevo después de haber sido derribados. Dave Cape sabe lo que se siente cuando a uno lo maldicen y lo escupen, pero la fidelidad lo compele a él a limpiarse la cara con la toalla del servicio y ofrecer su lebrillo y su cruz una vez más tanto a amigos como a enemigos.

¡LEVÁNTESE Y OBTENGA LA VICTORIA!

No importa cuántas veces sea derribado a la lona en su jornada de servicio, si la fidelidad lo ayuda a mantenerse firme en su propósito y vuelve a levantarse una vez más, ¡entonces usted ha ganado la pelea! Este ingrediente del servicio es un requisito obligatorio para una dirección exitosa en la iglesia.

Una vez oí decir al difunto Jamie Buckingham: "He decidido dejar de levantar a líderes defraudados, porque por definición, si son líderes, y si tengo que levantarlos y volverlos a motivar, entonces ellos no van a tener éxito. Tienen que levantarse ellos mismos y ceñirse al propósito de lo que han sido llamados a hacer."

La "letra de la ley" puede crear sólo un documento legal obligatorio; es la fidelidad y la lealtad del amor lo que mantiene a un matrimonio unido. La mayoría de las parejas que han estado casadas durante veinte años o más nos dirán que tienen más intimidad hoy que la que tenían el día que dijeron: "Sí, acepto." Han sobrevivido las inevitables presiones de la desilusión y del fracaso que han de experimentar dos humanos en una relación matrimonial. Han aplicado el pegamento de la fidelidad y de la lealtad, y han permitido que la presión de la adversidad los una aún más.

La fidelidad y la lealtad al compromiso matrimonial hacen que los cónyuges sostengan el propósito de su unión el suficiente tiempo como para que el pegamento de Dios los haga uno. Funciona de igual manera en la iglesia, la cual es un amasijo de personas radicalmente diferentes todas amontonadas en un organismo sobrenatural unido por el amor de Dios. Necesitamos la fidelidad para mantenernos unidos en Cristo según nos afilamos unos a otros, ya que "hierro con hierro se aguza".³ Al final, el fuego y la gracia de Dios nos hace uno y glorifica a Aquel que lo hizo todo.

Si somos fieles, entonces las desilusiones que experimentemos proporcionarán la presión necesaria para conducirnos a una cita divina y "pegarnos" a Dios.

Dios nos ha llamado a servir a nuestra familia, a nuestra iglesia, a nuestros vecinos y a los perdidos tanto en nuestro país como en el extranjero. Recuerde que si somos *fieles*, entonces las desilusiones que experimentemos por el camino *sencillamente proporcionarán la presión necesaria para conducirnos a una cita divina y "pegarnos"* a Dios. Como un artesano tal vez apriete y sujete con un tornillo de banco dos pedazos de madera astillada hasta que seque el pegamento y se unan permanentemente, Dios está aplicando una presión inexorable a la iglesia para reunir a sus muchos miembros astillados en una atadura de amor.

El último apóstol, Matías, no fue escogido por su habilidad como predicador, ni por sus milagros poderosos, ni por sus enseñanzas profundas ni por su destreza profética. El sustituto de Judas fue elegido por su *fidelidad*. Él se mantuvo allí, sin importarle qué tipo de controversias se arremolinaran alrededor de Jesús o de la novel iglesia. Pedro dijo que Matías y José, llamado Barsabás (el otro candidato), "[…]han estado juntos con nosotros todo el tiempo que el Señor Jesús entraba y salía entre nosotros, comenzando desde el bautismo de Juan hasta el día en que de entre nosotros fue recibido arriba[…]".[4] Matías fue, sobre todo, un fiel testigo y un siervo de Cristo.

En la esfera de nuestra fidelidad a un Dios fiel, *la retirada no es ninguna derrota y el fracaso no lo es para siempre*. Son sencillamente oportunidades para que sea revelado el poder de Dios por medio de nuestras debilidades[5] y para que nuestras desilusiones se tornen en citas divinas que nos peguen a Él.

HABLA DAVID

LA FIDELIDAD TORNA LO ORDINARIO EN ALGO GRANDE

Las "personas grandes", en palabras de Tommy, "tienen el don de convertir sus desilusiones en citas divinas". Tal vez usted piense: *¿Qué acerca de las personas comunes y corrientes que trabajan en una fábrica o se sientan en la misma banca de la iglesia o en otras todos los fines de semana?* Todas las que mencionó Tommy eran "personas comunes y corrientes". Su *fidelidad* las hizo "grandes". Si usted se considera a sí mismo alguien sencillamente común y corriente, eso significa que es un candidato para la grandeza por medio de la fidelidad.

Hay dos buenos motivos por los que debemos entender y operar con fidelidad como cristianos. Dos pasajes de la Escritura los resumen:

[Jesús dijo:] "En el mundo tendréis aflicción; pero confiad, yo he vencido al mundo."[6]

[Pablo dijo:] "Ahora bien, se requiere de los administradores, que cada uno sea hallado fiel."[7]

Las dificultades y las desilusiones son aspectos seguros de la vida; y ya que cada creyente ha sido llamado a tomar la toalla del servicio (esto también puede entenderse como mayordomía), entonces se requiere que cada cristiano sea fiel.

Si podemos aprender la manera de Dios de lidiar con las desilusiones cuando lleguen, entonces nuestras desilusiones podrán ser transformadas en citas y victorias divinas. Satanás hace todo lo que puede para convertir nuestras citas divinas en desilusiones descorazonadoras para poder robar nuestro gozo, porque él sabe que "el gozo de Jehová es vuestra fuerza".[8] Es difícil lidiar con la desilusión, particularmente cuando se sirve a los demás. Cuando usted se defraude, hay por lo menos tres cosas importantes que debe hacer: *tome las decisiones correctas, persevere en su propósito y responda en lugar de reaccionar.*

TOME LAS DECISIONES CORRECTAS

Jacob, conocido también como Israel, es uno de los tres grandes patriarcas honrados igualmente por cristianos, judíos y musulmanes. Él no empezó la vida como una gran persona, sino que entró en el mundo con el sobrenombre de "Engañador" debido a su carácter maquinador. Dos veces estafó a Esaú, su hermano mayor, y lo despojó de su primogenitura y de su herencia. Como resultado, los padres de Jacob lo enviaron lejos, a casa de su tío en Padan-aram, a buscar esposa (y evitar la ira homicida de Esaú).[9]

En el trayecto a casa de su tío, Jacob tuvo su primer encuentro con el Dios viviente. Éste lo afectó tan poderosamente que hizo un solemne pacto de servir a Dios y de dar el diezmo de todo lo que poseía. A cambio, él quería que el Señor lo sacara de su lío con Esaú.[10]

Entonces Jacob se dirigió a los pastizales de ovejas de su tío Labán y se enamoró a primera vista de Raquel, la hija más joven de este. Labán de buena gana le dio alojamiento a su joven sobrino y le preguntó qué compensación quería a cambio de su labor. Jacob rápidamente le dijo que serviría a su tío durante siete años si pudiera casarse con Raquel.[11]

Jacob sirvió a su tío fielmente durante siete años, y su amor por Raquel hizo que el plazo le pareciera como una cuestión de días. Desafortunadamente, lo aguardaba una desilusión.

En la noche de bodas, Labán de algún modo consiguió cambiar a las hermanas y Jacob pasó su noche de bodas con Lea, la hija mayor de Labán. La mañana siguiente, un Jacob defraudado confrontó a su tío y éste sólo le dijo que las costumbres locales exigían que la hija mayor se casara primero. Labán suavizó el golpe diciéndole astutamente a Jacob que podría obtener a Raquel también si lo servía *otros* siete años.[12]

A Jacob lo habían engañado, maltratado y presionado; y él tenía todo derecho a sentirse defraudado en lo natural. La mayoría de las personas habría fijado la fecha para dar una fiesta de autocompasión en esta coyuntura; pero la fidelidad de Jacob, aunada a su encuentro con el Señor, lo debe de haber cambiado. Tomó una decisión crucial que representa una determinación que *cada siervo fiel debe tomar* en algún momento: ***Él decidió empezar de nuevo.***

Cuando las personas nos defraudan mediante la traición, el engaño o la persecución abierta, es difícil verlos navegar a lo largo de la vida en aparente prosperidad y bendición en tanto que nosotros sufrimos. Nos lleva hasta el límite tomar cada pensamiento cautivo cuando preferiríamos tomar cautivo a alguien más.

¡Labán prosperaba gracias a *la fidelidad de Jacob*! Para poner las cosas peor, Labán ni siquiera le pagó. Entonces Labán incluso trató de estafarle la compensación acordada al darle a Lea en lugar de Raquel. No obstante, Jacob optó por tomar de nuevo la toalla de siervo y trabajar otros siete años para ganar el amor de su vida. Me recuerda lo que Jesús dijo sobre lo que yo llamo "el arma del servicio":

> Pero yo os digo: No resistáis al que es malo; antes, a cualquiera que te hiera en la mejilla derecha, vuélvele también la otra; y al que quiera ponerte a pleito y quitarte la túnica, déjale también la capa; y a cualquiera que te obligue a llevar carga por una milla, ve con él dos.[13]

Lo animamos a que empiece usted de nuevo, no importa cuán seria pueda ser su desilusión. Si aquellos a quienes usted sirve lo derriban y lo golpean hasta ponerlo fuera de combate injustamente, *determínese a empezar de nuevo en Dios*. Esa es la decisión correcta para ponerlo a usted de nuevo en el rumbo del gozo y del éxito en el servicio de Dios.

Dos conocidos de Dave, Roy y Patricia Perkins, establecieron hace varios años una pequeña estación misionera en Mozambique en el apogeo de una guerra civil que se libraba entre las fuerzas armadas del FRELIMO, la facción gobernante, y la llamada RENAMO, la facción de la resistencia.[14] No había ningún hospital por más de 100 millas, y Roy y Patricia trabajaban en una densa zona selvática.

Aunque el propósito principal de ellos era proporcionar cuidado primario de salud, los Perkins a menudo daban alojamiento a casos de indigentes y tenían que pasar de contrabando a Mozambique los suministros médicos con gran dificultad. Durante la noche, a menudo oían el tiroteo, las explosiones de bombas e incluso, de lejos, los gritos de los soldados. En una ocasión, pasaron por allí soldados y despojaron a la misión de todo lo que era remotamente valioso.

Entonces una noche, los Perkins yacían en cama y vieron cuando los soldados literalmente les robaban las cortinas agarrándolas a través de las aperturas que hicieron en la ventana cortando la tela metálica con sus bayonetas. Ellos lograron escapar y, después de pasar la noche escondidos, regresaron a la casa con las primeras luces del amanecer sólo para descubrir que ésta había sido totalmente saqueada.

¡Raptados durante la noche!

Algunos meses después la pareja oyó que una noche llegaban de nuevo los soldados a las instalaciones de la estación. Vieron de nuevo cómo sacaban las cortinas halándolas a través de la ventana. Lograron escabullirse de la casa y esconderse en la selva. En otras ocasiones similares los soldados se habían marchado, pero en esta oportunidad se dieron cuenta de que los Perkins habían estado allí y empezaron a buscarlos.

Los Perkins tenían con ellos a una señora mayor llamada Joan Goodman quién, debido a la extrema prisa de su huida, sólo tenía puestas una delgada bata de dormir y un par de zapatillas. Roy y Patricia y un cuarto miembro del grupo, Kindra Bryan, un americano de veinticuatro años de edad, estaban en pijamas; y sólo uno de ellos tenía zapatos puestos. Los soldados finalmente los encontraron y los raptaron, junto a una pareja de zimbabwenses y a su bebé de dieciocho meses de edad, y luego destruyeron la estación misionera antes de marcharse.

Los terroristas hicieron que sus prisioneros marcharan toda la noche y descansaron al día siguiente fuera de la vista de los soldados. Este patrón de conducta siguió durante cuarenta días y cuarenta noches; las zapatillas empezaron a gastarse, y los prisioneros permanecieron en ropa de dormir durante algún tiempo. Al cabo de varias semanas, éstos habían perdido peso a una proporción alarmante debido a la extrema tensión y a la limitada comida que recibían.

Incluso después de haber concluido los cuarenta días de marchas nocturnas forzadas, los terroristas rebeldes de la RENAMO mantuvieron cautivo al grupo de los Perkins durante varios meses. Finalmente la situación de los prisioneros se convirtió en un incidente internacional cuando se supo que un individuo del grupo era ciudadano de Estados Unidos. Después que el gobierno estadounidense ejerció extrema presión sobre la RENAMO, los secuestradores acordaron conducir a los prisioneros hasta la frontera de Malawi y entregarlos allí al encargado de negocios de Estados Unidos.

Un alto precio por su servicio

Cuando finalmente los Perkins y sus compañeros fueron puestos en libertad, sus cuerpos estaban muy deteriorados. En lo natural, estos médicos misioneros confrontaban una situación devastadora. Habían pagado un alto precio por su servicio a los enfermos y necesitados de Mozambique, y todo lo que habían construido a lo largo de años de esfuerzo, sacrificio y servicio había sido destruido.

Estados Unidos ofreció llevar a los Perkins a ese país y concederles condición de refugiados, pero ellos optaron por regresar a Zimbabwe o, provisionalmente, a África del Sur. Las personas a menudo les preguntaban: "Y ¿qué van a hacer ahora?" Su respuesta inmediata siempre era la misma: *"Regresaremos."*

Las circunstancias tal vez hayan cambiado, pero ellos estaban convencidos de que Dios no había cambiado su propósito. Roy y Patricia Perkins, lo mismo que Jacob, tenían todos los motivos para sentirse defraudados en lo natural. Algunos hasta cuestionarían si Dios estaba o no en el asunto. No obstante, *ellos optaron por empezar a servir de nuevo*, incluso en medio de su desilusión.

Los Perkins son siervos. Ellos sabían el precio de su compromiso de retornar de nuevo a Mozambique; con todo, decidieron empezar de nuevo. Tenían una misión divina que cumplir.

No importa qué desilusiones haya usted experimentado en el pasado, y no importa las que usted pueda enfrentar en el futuro, anímese porque Jesús ha vencido. Empiece de nuevo.

Jacob empezó de nuevo y sirvió con una buena actitud

Jacob trabajó otros siete años sin sueldo y Dios empezó a prosperarlo porque tenía *una buena actitud*. Hasta Labán comprendió que había algo sobrenatural. Cuando Jacob completó su segunda serie de siete años y le dijo a su tío que estaba listo para marcharse, Labán le respondió: "[…]Halle yo ahora gracia en tus ojos, y quédate; *he experimentado que Jehová me ha bendecido por tu causa.*"[15]

Cuando Labán le pidió a Jacob que fijara su sueldo, éste no citó un cierto salario o una exigencia de promoción. Dijo, en esencia: "No me des nada." En cambio, le pidió a Labán que le permitiera pasar por los rebaños y separar "todas las ovejas manchadas y salpicadas de color, y todas las ovejas de color oscuro, y las manchadas y salpicadas de color entre las cabras".[16]

Jacob estaba diciendo en realidad: "Yo quitaré todos los animales de raza cruzada, los que no tienen valor ni son deseados, los animales desechados que contaminan los rebaños. Déjame sacar los animales débiles de tus rebaños… los animales mismos que tú no quieres. Tomaré los animales que te dan mala reputación." Jacob tuvo una buena actitud en su servicio, y Dios la honró. La Biblia dice: "Y se enriqueció el varón muchísimo, y tuvo muchas ovejas, y siervas y siervos, y camellos y asnos."[17]

Los siervos de Dios que sirven a los demás con una buena actitud a pesar de los malos tratos, los malentendidos y los agravios cometidos contra ellos reciben el favor visible y la bendición de Dios. Este principio es evidente en las vidas de José, Moisés, David, Mardoqueo (el primo de edad avanzada y tutor de Ester) y Daniel. Lo más que hicieron en tiempos de adversidad fue buscar al Señor en oración, y Él se ocupó de sus problemas. Sea lo que fuere, los siervos piadosos deben tener una buena actitud.

PERSEVERE EN UN PROPÓSITO

El libro de Rut es un diario de la fidelidad de Dios hacia tres personas fieles. Si recuerda usted la historia, Noemí se quedó nada más que con la compañía de sus dos jóvenes nueras después que su marido y sus dos hijos murieran en tierra de Moab.

Noemí era demasiado vieja para volver a casarse y tener dos hijos más para que fueran maridos de Orfa y de Rut, conforme a la tradición hebrea. Ella llamó a sus nueras y las libró de toda obligación ulterior, suponiendo que éstas buscarían maridos de su propia nación de Moab. Ninguna de las jóvenes viudas quisieron dejarla, pero Orfa aceptó finalmente la oferta de Noemí y regresó a casa de sus padres.

Rut de algún modo miró más allá de las desesperadas circunstancias de lo natural para ver la verdadera herencia que tenía en la familia de su difunto marido. Comprendió que ella había ganado más que un marido y un suegro, fallecidos los dos. Ella había ganado una "madre en el amor", la cual caminaba con Dios. La relación de Rut con Noemí transcendió las secas regulaciones de la ley y entró en la esfera ilimitada del amor. Fue mediante el ejemplo de fe de Noemí que Rut ganó primeramente acceso a la unción del Dios de Abraham, de Isaac y de Jacob.

Rut hizo una de las más dramáticas declaraciones de fe, lealtad y entrega de la Biblia:

> [...]No me ruegues que te deje, y me aparte de ti; porque a dondequiera que tú fueres, iré yo, y dondequiera que vivieres, viviré. *Tu pueblo será mi pueblo, y tu Dios mi Dios.* Donde tú murieres, moriré yo, y allí seré sepultada[...][18]

Noemí decidió regresar a Belén, y Rut fue con ella. Llegaron a Belén con muy pocas posesiones, por lo que Rut sugirió que ella espigaría grano en los campos de cebada propiedad de Booz, un rico pariente de su difunto suegro. Sólo se permitía que los pobres y los forasteros espigaran grano dejado atrás por los trabajadores de la cosecha,[19] lo cual nos muestra que Rut no tenía ningún problema con el orgullo falso. Ella claramente miró más allá de la adquisición de grano a la posibilidad de obtener el favor de Booz.[20]

Booz también demostró la capacidad de *ver a través y más allá de lo natural* cuando visitó sus campos de cebada durante la cosecha y se fijó en Rut entre todos los hombres y mujeres que trabajaban para él. Resulta claro de su conversación que Booz se mantenía cuidadosamente al tanto de la situación de los miembros de su familia.

Miraron a través y más allá de sus diferencias para encontrar la voluntad de Dios

Booz le dijo a Rut que permaneciera en sus terrenos y siguiera a sus criadas, o siervas, en el campo. Él dio órdenes a sus obreros de que dejaran a Rut en paz. Esto dio pie a que ella le preguntara:

> [...]*¿Por qué he hallado gracia en tus ojos* para que me reconozcas, siendo yo extranjera? Y respondiendo Booz, le dijo: He sabido todo lo que has hecho con tu suegra después de la muerte de tu marido, y que dejando a tu padre y a tu madre y la tierra donde naciste, has venido a un pueblo que no conociste antes. Jehová recompense tu obra, *y tu remuneración sea cumplida de parte de Jehová Dios de Israel, bajo cuyas alas has venido a refugiarte.* Y ella dijo: Señor mío, halle yo gracia delante de tus ojos; porque me has consolado, y porque has hablado al corazón de tu sierva, *aunque no soy ni como una de tus criadas.*[21]

Booz percibió con claridad que Rut había renunciado a todas sus credenciales, recursos y esperanzas naturales y había fijado toda su esperanza en el Dios de Israel. Algo relacionado con la osada fe en Dios de Rut conquistó su corazón. ¡Qué historia más asombrosa!

Booz bien *pudo haber pasado* por sus campos apresuradamente y no haberse molestado en preguntar acerca de una de las muchas mujeres que allí trabajaban o que descansaban en los edificios de la hacienda. Podía haber actuado como cualquier otro día, pero él fue lo suficientemente sensible como para escuchar con sus ojos y ver con sus oídos. Rut y Booz tenían una cita divina con el destino ese día, y ellos fueron lo suficientemente sensibles como para actuar según el suave impulso del Señor de mirar *a través y más allá de lo natural.*

A menudo he conducido mi coche por los fértiles terrenos de frutas y hortalizas de las ricas regiones agrícolas del sur de California. Los centenares de obreros agrícolas parecen puntitos en la inmensa extensión de esos campos, y pienso en ellos siempre que leo esta historia de Rut y Booz.

Booz sintió el suave estímulo de Dios para que hiciera lo que nunca antes había hecho

Booz era muy rico, por lo que sus campos deben de haber sido bastante grandes. Él sólo pudo haber visto puntitos negros cuando miró de un lado a otro de su campo, pero decidió *mirar a través y más allá de lo obvio y rutinario*. Él vio la mano de Dios sobre una joven extranjera en sus campos. Debe de haber percibido el suave estímulo de Dios para que hiciera algo que nunca antes había hecho. Fue fiel en investigar la situación de su prima Noemí cuando ella volvió sin su marido. Luego fue fiel en honrar su obligación bajo la ley judía como pariente cercano de Noemí.[22]

Para poder casarse con Rut, tendría que volver a comprar todos los terrenos y propiedades de Noemí y de su marido muerto. También sería responsable de pagar cualquier deuda que hubiera pendiente. Lo más importante de todo, Booz honró su obligación de permitir que su hijo primogénito nacido de Rut fuera contado como hijo del difunto primer marido estéril de esta, a fin de mantener su apellido. Era una gran responsabilidad y servicio, pero Booz fue fiel.

Su obediencia produjo una de las grandes historias de amor de la Biblia. Una vez que él y Rut se casaron, su matrimonio tuvo un hijo a quien llamaron Obed, padre de Isaí, padre de David y del linaje inicial de Jesucristo.

Rut es el ejemplo clásico de alguien que aprendió a perseverar en un propósito en medio de las dificultades y las desilusiones. Todavía era joven cuando enviudó repentinamente, y tenía motivos para sentirse defraudada por lo que la vida le había deparado. Sin embargo, Rut eligió perseverar en uno de los campos más cruciales en la vida de cualquiera, y eso marcó un cambio total y permanente en el rumbo de su vida que todavía influye en nosotros en el presente.

Rut mantuvo sus relaciones en tiempos de crisis

Rut le dijo a Noemí: "[…]*Tu pueblo será mi pueblo*, y tu Dios mi Dios."[23] Es obvio que Rut entendía la importancia de las relaciones. Ella optó por entrelazar su destino con el de su suegra y poner su confianza en Jehová, el Dios de Israel.

Cuando las cosas se ponen difíciles, las relaciones pueden aportar consuelo o desasosiego. Es entonces el momento de perseverar y de acercarnos más aún a las personas que Dios ha puesto en nuestra vida. No se aparte de sus relaciones de confianza; acérquese estrechamente a ellas.

En una ocasión Carol y yo conocimos a una joven mujer que vivía en la zona del medio oeste de Estados Unidos y ésta llegó a ser para nosotros como una hija en el Señor.[24] Ella amaba al Señor, pero después de terminar sus estudios dejó la zona para tomar un trabajo en un famoso centro turístico de esquí en Colorado. Aunque era un lugar muy hermoso, se sintió sola e inició una relación inmoral con un iraní musulmán. Finalmente la situación se tornó muy desesperada y su padre nos pidió que fuéramos a visitarla al centro turístico.

Para bajar el nivel de intensidad, decidimos conversar con la joven mientras dábamos un paseo a lo largo de una vereda en un bosque cercano. Mientras hablábamos, ella se echó a llorar y el Espíritu del Señor nos ayudó a mostrarle lo que estaba sucediendo realmente en su situación.

Su relación con Jesús fue restaurada

Esta joven mujer decidió acercársenos en lugar de alejarse de nosotros. Ella decidió perseverar para la restauración de su relación con Jesús, incluso en medio del fracaso y el pecado. Antes de que nos marcháramos, consintió en reconciliarse con su padre. Esto a su vez hizo posible que él la rescatara y se la llevara de regreso a casa a un ambiente seguro.

A lo largo de esta crisis, nosotros optamos por amarla en lugar de condenarla. Esta joven hija pródiga ya sabía que se había equivocado; pero no sabía qué hacer para salir de su atolladero. Ni una sola vez ninguno de nosotros la condenó; sino que sencillamente la amamos en Jesús.

Las buenas noticias son que esta muchacha dio un paso adelante en el Señor. Hoy en día está felizmente casada y es una excelente madre. Cuando falló y pecó, no se alejó de sus relaciones piadosas, sino que perseveró en un propósito. Ella quería ser libre y que su relación con Dios fuera restaurada.

Cuando uno está en crisis, hay dos zonas básicas en las que debe buscar refugio: su familia y su salvación. Cuando usted enfrente una desilusión o una crisis, retírese a su familia y a su Dios. Tal retirada no es ninguna derrota. Cultive relaciones en la tierra y en el cielo que le sirvan de refugio de las tormentas de la vida.

Rut puso toda su esperanza en Dios

Rut lidió con su desilusión más grande eligiendo confiar en el Dios de Noemí. Escogió poner todas sus esperanzas, sueños y deseos para el futuro en el Dios de Israel. Tampoco era voluble o tímida. Ella declaró valientemente "Tu pueblo será mi pueblo, *y tu Dios mi Dios.*"

Perseveró en su relación con su suegra y, a través de esta, descubrió la realidad del Dios de la eternidad.

Durante una crisis puede uno acudir a Dios o huir de Él. Algunos dicen que no con la cabeza en medio de una crisis y expresan: "Me pregunto: ¿ por qué Dios me hizo esto a mí?" Inevitablemente cortan su relación con Dios. Otros se acercan a Dios cuando los golpea una crisis inesperadamente. Usan a Dios como su propio "neumático de repuesto" para poner su vida de nuevo en el camino. Una vez que superan la crisis, guardan su neumático de repuesto divino y rápidamente se olvidan de que Dios los libró.

Cuando Carol y yo hablamos con la joven con problemas mientras los tres paseábamos por el sendero del bosque, le pregunté:

—¿Todavía amas a Jesús?

—¡Con todo mi corazón! —me respondió inmediatamente

Entonces le pregunté a nuestra joven amiga:

—¿Es tu amor por Jesús mayor que tu amor por tu pecado?

Ella se decidió por Jesús y nunca le pesó haberlo hecho.

Todos experimentamos momentos en la vida en que debemos contestarnos la pregunta: "¿Amo yo a Jesús más que amo a mi pecado?" La clave del perdón y la victoria radica en la manera en que contestemos esa pregunta tan importante. Lo más peligroso que podemos hacer es alejarnos de Dios y negarle la oportunidad de obrar en nuestra vida. Eso nos pone en una situación en la que Dios no puede comunicarse con nosotros. La solución es sencilla: Enfrentemos nuestras desilusiones acudiendo a Dios.

Durante una crisis, lo más peligroso que podemos hacer es alejarnos de Dios y negarle la oportunidad de obrar en nuestra vida.

Rut no se aferró a su seguridad natural

Cuando les sobreviene una crisis, la mayoría de las personas se aferran naturalmente a lo que les resulta más familiar. Eso normalmente incluye cosas temporales como casas, cultura, posesiones o religión. Rut rehusó aferrarse a esas cosas. Ella puso su mira en una esperanza mucho mayor. Muchos santos de nuestros días tuvieron oportunidad de aferrarse a su seguridad natural en tiempos de desilusión, pero optaron por acudir a Dios. Buscaron a Dios y cumplieron su destino en el Señor, enriqueciendo también a la novia de Cristo.

Cuando era una jovencita de dieciocho años, Jackie Pullinger dejó las comodidades de su nativa Inglaterra y abordó un barco para Hong Kong. Entró en la ciudad amurallada que estaba llena de contrabandistas de opio, de narcotraficantes y de prostitutas. Todo a su derredor era extraño a su cultura, pero ella sencillamente decidió hacer lo que Dios le había dicho que hiciera.

La decisión de Jackie de obedecer el llamamiento de Dios a Hong Kong produjo un importante avance en nuestra comprensión de la guerra espiritual. Ella aprendió a lidiar con la adicción a las drogas y a liberar a las personas por medio del poder del Espíritu Santo. Esto sólo sucedió después que Jackie perseverara hasta atravesar un difícil período de cinco años. Entonces llegó la victoria sobrenatural.

Peter Marshall fue considerado uno de los más grandes predicadores de América cuando sirvió de capellán en la Cámara del Senado de Estados Unidos. Las personas se maravillaban del ministerio de este hombre. Pero murió siendo todavía joven. Su esposa Catherine, se sobrepuso a su pesar y desesperación para convertirse en una de las grandes "madres" de la iglesia moderna.

Es muy posible que muchas iglesias no existirían hoy si Catherine Marshall no se hubiera sobrepuesto a su desilusión para aceptar una cita divina como uno de los líderes y santos que introdujeron el poderoso movimiento del Espíritu Santo en nuestros días. Ella pudo haberlo abandonado todo cuando murió su marido. En cambio, optó por perseverar y acudir a Dios en su hora de crisis.

La manera fácil no es siempre la manera correcta

La mayor parte de las veces, la manera correcta parece ser, a simple vista, la manera más costosa de proseguir. Pero a la larga, lo mejor de Dios para nosotros es todo lo que importa.

En abril de 1999 Estados Unidos se estremeció con los reportajes de la matanza en la escuela secundaria Columbine en Colorado. La nación fue aturdida por el asesinato a sangre fría de 13 estudiantes llevado a cabo por 2 de sus compañeros alumnos. Aun en medio de la tragedia hubo asombrosas historias de jóvenes estudiantes cristianos que optaron por declarar su fe en Jesucristo cuando eran encañonados por un arma y enfrentaban una muerte segura.

Esos creyentes jóvenes sabían que sus atacantes querían que negaran a Jesús. En ese momento, hubiera sido mucho más fácil hacerlo; pero amaban a Jesús más que a su propia vida y optaron por morir con Cristo en vez de vivir si tenían que negarlo. Millones de espectadores alrededor del mundo vieron por televisión los funerales de estos jóvenes mártires y oyeron testimonio tras testimonio acerca del amor de ellos por el Señor. Muchas personas aceptaron a Jesucristo como Salvador debido a la fidelidad de ellos en la muerte. *En verdad que para estas jóvenes víctimas, el vivir era Cristo y el morir era ganancia.*[25]

RESPONDAMOS EN VEZ DE REACCIONAR

Jesús nunca reaccionaba; Él siempre respondía. Imaginemos el momento cuando los discípulos se encontraron con Jesús por primera vez después de su resurrección. La última vez que lo habían visto fue la noche cuando todos lo abandonaron corriendo. María Magdalena ya les había anunciado que lo había visto, y los discípulos estaban reunidos en secreto:

Cuando llegó la noche de aquel mismo día, el primero de la semana, estando las puertas cerradas en el lugar donde los discípulos estaban reunidos por miedo de los judíos, vino Jesús, y puesto en medio, les dijo: Paz a vosotros. Y cuando les hubo dicho esto, les mostró las manos y el costado. Y los discípulos se regocijaron viendo al Señor. Entonces Jesús les dijo otra vez: Paz a vosotros. Como me envió el Padre, así también yo os envío. Y habiendo dicho esto, sopló, y les dijo: Recibid el Espíritu Santo. A quienes remitiereis los pecados, les son remitidos; y a quienes se los retuviereis, les son retenidos.[26]

Cuando el Señor nos llama a hacer algo más que orar

Jesús no reaccionó con enojo o dolor. *Respondió a la traición y fracaso de los discípulos con el perdón.* Él no tenía ningún interés en vengarse. Empezó a hablarles inmediatamente acerca del perdón. Él no dijo: "Miren lo que me hicieron. Todos ustedes necesitan arrepentirse." Él sencillamente dijo: *"Vayan y perdónenles a las personas sus pecados."*

Jesús nos llama a hacer mucho más que sólo tener un cambio de corazón. Y a veces Él nos llama a hacer mucho más que únicamente orar por una persona o situación... Él nos llama a poner nuestro perdón en acción.

En el huerto, antes de la crucifixión de Jesús, Pedro se desvió de la voluntad de Dios cuando desenvainó la espada y le cortó la oreja a Malco, uno de los que arrestaban al Señor. Pedro tenía el arma correcta pero en la esfera equivocada.[27]

Jesús no reaccionó a la mala acción de Pedro ni a la participación de Malco en la turba armada que venía a detenerlo. Él respondió a Pedro diciéndole que envainara su espada. Respondió a Malco con el perdón y la restauración de su oreja. El perdón siempre requiere una respuesta.

Jesús siempre respondió al enojo, al fracaso y al mal con el espíritu contrario. Cuando vio a los discípulos por primera vez después de la resurrección, Él los bendijo y después también *les dio* algo. Respiró sobre ellos y les dijo: "Recibid el Espíritu Santo",[28] cuando pudiera haberles dicho: "Recibid el juicio y la condenación que merecéis." También les dijo: "Como me envió el Padre, así también yo os envío",[29] y les dio la más grande comisión de su vida. En el día de Pentecostés, el Espíritu Santo de Dios descendió sobre los 120 en el aposento alto con un ardiente bautismo de poder que los capacitó para servir sobrenaturalmente.[30] Ese poder para ser testigos todavía está disponible para nosotros hoy y permanecerá estándolo en tanto que sigan habiendo personas que no hayan oído las buenas nuevas de Cristo.

El perdón de Jesús liberó a los discípulos para lograr su destino

El Señor optó por responder al fracaso de sus angustiados discípulos sirviéndolos, no condenándolos. Su perdón y fe en ellos liberaron a los discípulos para volver a empezar de nuevo y proseguir su destino divino. La próxima vez que Jesús vio a los discípulos, los bendijo y los sirvió cocinándoles un desayuno.[31]

Nuestra naturaleza humana quiere reaccionar automáticamente cuando nos hacen mal. La naturaleza de Dios en nuestro corazón quiere responder con un espíritu puro.

Una vez Carol y yo vimos un reportaje de televisión acerca de una mujer que había sido violada brutalmente. El agresor fue capturado y encarcelado, pero su víctima sintió convicción de que ella necesitaba responder con el perdón. Ella y su marido hasta visitaron al violador en la prisión y le dijeron que habían decidido perdonarlo y que Jesús también lo había hecho.

Al cabo del tiempo, la pareja condujo al violador convicto a Cristo y le brindó su amistad. Cuando salió de la prisión, la pareja lo recibió en su casa y lo ayudó a reintegrarse a la sociedad. El perdón final mostrado por esa valiente pareja demuestra el verdadero poder del perdón en Jesucristo. Ellos respondieron con un corazón puro en lugar de con un corazón lleno de venganza.[32]

Servir no siempre es fácil, *pero es tanto una dignidad como un deleite* si aprendemos a extraer poder de la fidelidad. Cada día debemos tomar las decisiones correctas bien sea que experimentemos desilusión o victoria. Dios se deleita en honrar la fidelidad de sus hijos e hijas que lo sirven.

¿PUEDE USTED ADHERIRSE COMO EL PEGAMENTO?

Pablo explicó con claridad que Dios busca a personas comunes y corrientes sin fama pública alguna ni credenciales exteriores sólo para que Él pueda honrarlos y hacer grandes hazañas por medio de ellos para su gloria.[33] Todo lo que necesitan los individuos comunes y corrientes para llegar a ser grandes en el reino de Dios es tener un corazón de siervo y la capacidad de adherirse como el pegamento a los propósitos y a la presencia permanente de Él. Si usted quiere tener un nuevo comienzo en su servicio al Señor, no hay mejor tiempo para hacerlo que ahora. Eleve una oración con estas palabras salidas de su corazón y confíe en que Dios hará la obra en su alma y en su vida:

> *Padre, acudo a ti en el nombre de Jesús. Por tu gracia, en este momento miro más allá de mis más profundas desilusiones e imposibilidades. Abre mis ojos y oídos para percibir tu reino en maneras nuevas, a fin de que pueda yo servir a los demás con tu sabiduría y tu poder.*
>
> *Reconozco mis fracasos y debilidades, pero en el nombre de Jesús decido ser fiel en todo lo que Tú me has pedido que haga. Mi meta no es ser grande sino serte fiel a ti y a los que Tú traigas a mi vida.*
>
> *Glorifícate en mí, Señor. Gracias por permitirme tener un nuevo comienzo hoy. Por favor acepta mi vida como un regalo que te ofrezco voluntariamente, y enséñame cómo servir con dignidad y deleite por el resto de mi vida. Te lo pido en el santo nombre de Jesús, Amén.*

Notas
1. Mateo 25:21.
2. Gene Edwards: *Nuestra misión* (Auburn, ME: Christian Books, 1984), pp. 65-67. Usada con permiso.
3. Proverbios 27:17.
4. Hechos 1:21,22.

5. Véase 2 Corintios 12:9.
6. Juan 16:33.
7. 1 Corintios 4:2.
8. Nehemías 8:10.
9. Véase Génesis 27:41-28:4.
10. Véase Génesis 28:10-22.
11. Véase Génesis 29:1-18.
12. Véase Génesis 29:20-28.
13. Mateo 5:39-41.
14. "FRELIMO" son las siglas de "Frente de Liberação de Moçambique". FRELIMO era originalmente un movimiento para independizarse de Portugal. Después que Mozambique estableció su independencia, los dirigentes de FRELIMO gobernaron el país y se inclinaron cada vez más hacia el socialismo y el marxismo. Ese giro preocupó a ciertos funcionarios de Estados Unidos y a algunos de los países vecinos de Mozambique (entre ellos la República de África del Sur durante la época del *apartheid*). Éstos comenzaron a ofrecer asistencia económica y entrenamiento militar a la RENAMO ("Resistência Nacional Moçambicana"), un grupo que se proponía desestabilizar la economía y la estructura social de Mozambique mediante el terrorismo, a fin de poder derrocar a la dirigencia del FRELIMO. Desafortunadamente, ambas partes cometieron terribles atrocidades en nombre de sus respectivas causas. La historia de Roy y Patricia Perkins y su grupo es aún más milagrosa a la luz de la violencia del conflicto mozambiqueño.
15. Génesis 30:27 (cursivas del autor).
16. Génesis 30:32.
17. Génesis 30:43.
18. Rut 1:16,17 (cursivas del autor).
19. Véase Levítico 19:9,10; 23:22; Deuteronomio 24:19-21.
20. Véase Rut 2:1,2.
21. Rut 2:10-13 (cursivas del autor).
22. Véase Rut 4:1-17.
23. Rut 1:16.
24. Los detalles de esta historia han sido cambiados para proteger a los individuos implicados.

25. Véase Filipenses 1:21. Para una comprensión más profunda de lo que ocurrió en Columbine y cómo deben responder los cristianos, léase el libro de Bruce Porter: *La antorcha del mártir* (Shippensburg, PA: Destiny Image Publishers, Fresh Bread Publishing, 1999).
26. Juan 20:19-23.
27. Véase Lucas 22:49-51; Juan 18:10,11.
28. Juan 20:22. Observen por favor que en esta ocasión Jesús les impartió la presencia permanente del Espíritu Santo a los discípulos. En Lucas 24:49, Él dijo: "He aquí, yo enviaré la promesa de mi Padre sobre vosotros; pero quedaos vosotros en la ciudad de Jerusalén, *hasta que seáis investidos de poder desde lo alto"* (cursivas mías) justamente antes de ascender al Padre en la transfiguración. Esta promesa fue cumplida en el aposento alto en Hechos 2 cuando los 120 (y muchos más después) recibieron el bautismo del Espíritu y fueron investidos de poder para *ser testigos*.
29. Juan 20:21.
30. Véase Hechos 1:8; 2:1-11.
31. Véase Juan 21:9-13.
32. No proponemos una nueva doctrina de que las víctimas de violación sexual o de otros crímenes violentos tengan que darles alojamiento en su casa a sus atacantes y ayudarlos a integrarse a la sociedad. Sólo comparto esta historia verídica para ilustrar una demostración poco común de la gracia de Dios. Él sencillamente requiere de nosotros que perdonemos y nos capacita para que lo hagamos (tanto para beneficio *nuestro* como para el de los que nos hayan hecho daño).
33. Véase este asombroso pasaje en 1 Corintios 1:26-31.

CAPÍTULO DIEZ

SERVIR CON LA PREPARACIÓN DE LA PREVISIÓN

HABLA TOMMY

Los siervos buenos dignos de oír un "bien hecho" del Señor sirven del mismo modo que los camareros experimentados sirven a sus clientes en los restaurantes finos. No tienen ningún tiempo que perder... sino muchos aspectos que *prever*.

Los que cenan en los restaurantes finos de Nueva York o de París a menudo experimentan algo de desilusión cuando regresan a sus restaurantes favoritos en su país. ¿Cuál es la diferencia? A veces es la comida, pero más a menudo las personas dicen que lo que echan de menos es el servicio que recibieron en los restaurantes mejores. Muchos restaurantes son capaces de preparar menús de cinco estrellas, pero pocos de éstos parecen entender cómo brindar un servicio de cinco estrella. La diferencia entre los camareros que "tienen lo que hace falta" y los que no lo tienen es su actitud y su enfoque en cuanto a *servir*.

Los grandes camareros se enorgullecen de su habilidad de *prever* cada necesidad de sus clientes. El momento en que usted termina de tomarse la sopa, el camarero está *esperando* al lado suyo para quitar los platos y cubiertos innecesarios. Su vaso o taza raramente llega a un tercio de su contenido antes de que su camarero esté allí con más... y usted nunca tiene que pedirle que se lo llene.

La cortesía es obligatoria, incluso al tratar con clientes difíciles que sean escasamente entendibles. La marca universal de excelencia entre los camareros es la declaración por parte de sus clientes de que los hicieron sentirse como si fueran parte de la realeza.

EL FACTOR DE LA PREVISIÓN DISTUINGE AL SERVICIO BUENO DEL SERVICIO EXTRAORDINARIO

Los que disfrutan de la alta cocina ofrecida por tales restaurantes sostienen que parece que a las habilidades de atender de los camareros menos buenos les falta ese *factor* esencial de la previsión, el cual distingue al servicio bueno del servicio extraordinario.

Quizás ese factor esencial de la previsión también esté ausente de nuestra comprensión del servir bíblico. Los creyentes demasiado a menudo igualan el esperar delante del Señor con cruzarse de brazos. Yo nunca he encontrado en ninguna parte de la Palabra de Dios esa descripción de trabajo.

Por el contrario, Jesús nos ordenó a que nos ocupáramos, o "negociáramos", hasta que Él venga.[1] Pablo dijo: "[...]servíos por amor los unos a los otros."[2]

Esperamos delante del Señor mediante la adoración —bien sea personal o en público— previendo el deseo celestial. También esperamos delante del Señor cuando atendemos a los clientes de Él. Cumplimos los deseos del Jefe cuando servimos a sus parroquianos como si Él estuviera allí con nosotros. Fue Jesús el que dijo: "[...]De cierto os digo que en cuanto lo hicisteis a uno de estos mis hermanos más pequeños, a mí lo hicisteis."[3] Los "hermanos" del Señor incluyen al hambriento, al sediento, al indigente, al desnudo, al enfermo y a los encarcelados. Muy pocos de nosotros estamos preparados para prever las necesidades *de ellos*; con todo, eso es lo que el Jefe espera que hagamos.

HABLA DAVID

El factor de la previsión que Tommy mencionó es un artículo raro pero muy estimado en la iglesia hoy. He tenido la bendición de ministrar con varios siervos excepcionales durante los años en que he llevado la cruz y el lebrillo.

Uno de esos siervos me acompañó a la isla nación de Haití casi al tiempo en que fue invadida por Estados Unidos y la ONU hace varios años. Rod Palmer, mi amigo íntimo de Ciudad del Cabo demostró verdadero corazón de siervo a lo largo de nuestra estancia.

Tuvimos bastantes dificultades al pasar por varios aeropuertos durante nuestro viaje a Haití desde África del Sur. El artículo más pesado y más difícil de arrastrar era el baúl con mi equipo. Éste contenía mi cruz de madera y mi lebrillo, el aparato para el tanque de agua, un suministro grande de toallas, una silla plegable para excursiones, zapatos de caucho y suficientes cosas adicionales para hacer gemir al más fornido elefante de sólo pensar en su peso.

VINE PARA SERVIRTE

En este viaje en particular, además de mi baúl, tenía yo también una maleta grande y Roddy tenía su propia carga de efectos personales. Durante uno de los momentos más difíciles, Roddy de repente tomó el baúl con todos mis utensilios y se lo puso en los hombros. Yo protesté y le dije que ya él llevaba suficiente peso con su propio equipaje. Él sencillamente me respondió: "No, *yo vine para servirte* a ti." No importa cuánto yo me quejara o protestara, él sencillamente no me dejó hacer nada.

Roddy continuó previendo hasta la más pequeña de las necesidades y oportunidades de servir a lo largo del viaje. Al llegar a Haití, tuvimos que quedarnos en una habitación que definitivamente no saldría en ninguna lista de "los mejores hoteles del mundo". Aparte de ser un cuarto sumamente pequeño, el lugar no tenía nada que se pareciera a un baño. Tenía un retrete, pero éste carecía de sifón, algo que la mayoría de las personas en las naciones modernas esperan automáticamente (en otras palabras, el retrete hedía terriblemente *todo el tiempo* debido a que el sistema de tuberías transportaba los exóticos olores desde el alcantarillado directamente hasta nuestra habitación).

Nada en el baño funcionaba, excepto un chorrito de agua que goteaba de la ducha. Cada mañana cuando yo terminaba de ducharme, Roddy había hecho lo único que se podía hacer para mejorar el lugar... tender mi cama fielmente. Se trataba de un pequeño servicio que me trasmitía un gran mensaje.

En ocasiones le mencionaba a Roddy que el día siguiente se precisaba hacer alguna tarea específica o que yo necesitaba contactar a alguien en particular. Él sabía que yo realmente le estaba pidiendo un amistoso recordatorio de esos asuntos, pero Roddy es un siervo. Al día siguiente, sin falta, cuando me disponía a ponerme en contacto con la persona que yo le había mencionado, Roddy me decía que ya él lo había hecho. Era él un asombroso previsor, el cual siempre se las arreglaba para estar un paso delante en todo lo que yo quisiera hacer. Él sencillamente quería servir porque es un verdadero siervo.

LA GRAN PALABRA QUE COMIENZA CON "P"

Los siervos verdaderos como Roddy siempre prevén las necesidades y expectativas de aquéllos a los que sirven. José, el hijo menor de Jacob y de Raquel, ascendió de la posición de esclavo doméstico a la segunda posición más poderosa en Egipto bajo Faraón. Estaba íntimamente familiarizado con la gran palabra del servicio que comienza con "p".

José escuchó la voz de Dios y *previó* la hambruna que le vendría a Egipto. Él preparó a la nación egipcia para la sequía venidera mediante un ingenioso sistema de sitios de acopio locales y el racionamiento obligatorio del grano durante los siete años de cosechas abundantes. Cuando empezaron los siete años de sequía, Egipto solo entre los países de la región estaba preparado con suficiente grano de reserva.

José el siervo se convirtió en una bendición, y en el salvador de Faraón y de todos en Egipto, porque no esperó a que golpeara la hambruna. Él previó la necesidad y se preparó de antemano para ella.

Él también se dio cuenta de que Dios era el originador y motivador de su vida profesional y de su vocación de siervo. José, quien optó por volver a empezar y servir bajo otro con una buena actitud, les dijo a los hermanos que lo habían traicionado:

> [...]Yo soy José vuestro hermano, el que vendisteis para Egipto. Ahora, pues, no os entristezcáis, ni os pese de haberme vendido acá; *porque para preservación de vida me envió Dios delante de vosotros*[...] Y Dios me envió delante de vosotros, para *preservaros posteridad* sobre la tierra, y para *daros vida* por medio de gran liberación. Así, pues, *no me enviasteis acá vosotros, sino Dios*, que me ha puesto por padre de Faraón y por señor de toda su casa, y por gobernador en toda la tierra de Egipto.[4]

José era un verdadero siervo, pero muchos que proclaman serlo no lo son. Cualquier individuo al que siempre haya que decirle lo que tiene que hacer *no* es un siervo. Yo insto a las personas a que se sometan a la prueba del siervo al hacerse la pregunta: ¿Me tienen que decir siempre qué hacer las personas a las que sirvo? Si la respuesta es afirmativa, entonces algo necesita cambiar.

LAS MADRES TIENDEN A SER PREVISORAS NATURALES

La habilidad de prever incluye la habilidad estratégica de pensar *por adelantado*. He observado que las madres tienden, por necesidad, a ser previsoras naturales. Bien sea que la familia haga una rápida salida de tiendas o que esté empacando para ir en una aventura de camping durante un fin de semana, es la mamá la que prevé y empaca los artículos menos pensados: utensilios, artículos de primeros auxilios o juguetes favoritos.

En el mundo comercial, las corporaciones y fabricantes buscan a los peritos más experimentados, o pronosticadores de tendencias y necesidades futuras, para que sus compañías pueden prepararse por adelantado para el crecimiento, los desafíos o las exigencias del cliente que se prevén. Los siervos tienen que ser previsores, bien sea que sirvan en la iglesia, en el campo misionero, en un edificio de oficinas o en una planta industrial.

Algunos de los más grandes siervos en las iglesias locales alrededor del mundo son esos valientes individuos que operan los sistemas de sonido en culto tras culto. Estos siervos de Dios normalmente llegan mucho antes de que empiece cualquier reunión para preparar el equipo, poner los micrófonos en su sitio y extender los cables de estos. La mayoría de ellos también pasan horas adicionales dándole mantenimiento laboriosamente al equipo cuando no hay nadie presente.

EL SIERVO DE LA CAJA DE RESONANCIA

La parte más fácil del trabajo de administrar un sistema de sonido es generalmente darle mantenimiento al equipo. Es el fiel operador de sonido el que incurre en la ira combinada de los irritados miembros del grupo de adoración, del pastor frustrado, de los cantantes que echan humo y de los invitados especiales, ¡y las peores miradas fijas de disgusto que la congregación pueda mostrar! ¿Qué hacen estas personas para merecer tan concentrado enojo y desaprobación pública? Normalmente se reduce a un problema técnico llamado "retroalimentación", el cual produce un chillido ensordecedor por los altoparlantes, o a un problema creado por un operador de sonido que no *previó* una necesidad en la plataforma.

Estoy haciendo obviamente una generalización pero, en cierto sentido, el operador de sonido casi puede llevar cautiva una unción mediante los botones que controla con sus dedos. Dos cosas están en peligro: el fugaz lapso de atención de las personas de la congregación o auditorio, y la presencia del Espíritu Santo, a quien podemos contristar con nuestra insensibilidad o ineptitud.

Vez tras vez he visto a ministros ir hacia un micrófono con una palabra del Señor durante momentos sensibles de un servicio de adoración sólo para descubrir que no estaba encendido el volumen del micrófono. Éste finalmente empieza a funcionar después que el ministro ha dicho con mímica las primeras tres o cuatro frases, pero entonces la unción ya ha empezado a desvanecerse porque la congregación ha hecho todo lo posible por clavar a la pared con sus miradas fijas de disgusto al operador de sonido.

Esto les sucede frecuentemente a los técnicos de sonido que reaccionan sólo después de que surge un problema en vez de *prever* la necesidad de alzar el volumen de un micrófono cuando el ministro que va a hacer uso de la palabra da pasos hacia este. Puedo decirles lo siguiente: ¡Es un verdadero gozo trabajar con un operador de sonido competente que prevé cada necesidad y es espiritualmente sensible al fluir del Espíritu Santo en una reunión! Pido la bendición de Dios para cada operador de sonido de su reino. Los operadores de sonido —y todos los siervos de Dios— prosperan grandemente en su servicio una vez que graban en su espíritu la palabra que comienza con "p".

UN PREVISOR CON MARAVILLOSOS TALENTOS ESPIRITUALES

Gerry Armstrong es un estimado amigo mío que vive en Londres, Inglaterra. Es un previsor espiritual muy dotado que ha servido a nuestro ministerio de manera singular. Durante muchos años yo he calzado un zapato de importación para ayudar a mis pies a sobrevivir las miles de millas que camino cada año en el curso de mi ministerio.

Esos zapatos sumamente cómodos y bien hechos eran de un cuero que permanecía seco y suave hasta cuando se mojaban. Mostraban una tecnología que tenía años de adelanto (sólo recientemente es que las zapatillas de lona o las usadas para las carreras se han puesto a la par con esa clase de calzado). Esos zapatos no se vendían en África del Sur, por lo que mi estimado amigo Gerry hizo su tarea personal el mantenerme bien surtido de ellos.

De algún modo Gerry se las arreglaba para que un nuevo par de zapatos *siempre me llegara antes de que se me gastara el par que estaba usando.* Su cuidadosa previsión de mis necesidades resultó inestimable durante una gira de ministerio a pie particularmente difícil. Contraje una infección en un pie cuando estaba en medio de un recorrido, y el pie se me hinchó como un balón de fútbol deformado. Por último ya no podía caminar y tuve que recibir asistencia médica.

Después que me recuperé, me fue muy difícil volver a los rigores de la caminata. Una vez más, Gerry tenía aguardándome un par enteramente nuevo de esos cómodos zapatos importados, y su considerado regalo hizo que mi retorno al "ministerio de pies" fuera mucho más fácil que lo habría sido de otra manera. Vivo agradecido de los siervos de Dios genuinos —como Gerry— que son tan fieles en prever las necesidades de las personas a quienes sirven en el cuerpo de Cristo y en el mundo.

CÓMO LIDIA UN SIERVO CON LO INESPERADO

Es la preparación previsora la que ayuda a los verdaderos siervos a lidiar con lo inesperado. Imaginémonos cómo se sintió David, el joven pastor, durante las ocasiones en que confrontó a un león o a un oso que atacaba las ovejas de su padre. Él estaba preparado en el Espíritu porque conocía a su Dios. David le dijo al rey Saúl que él agarraba a cada león por la barbilla y lo mataba, y le daba la gloria a Dios por lo ocurrido.[5] Es esa la manera en que un siervo lidia con lo inesperado.

Jesús constantemente lidió con lo inesperado en su ministerio terrenal. Pienso yo que uno de los desafíos más inesperados que enfrentó ocurrió el día en que algunos escribas y fariseos acudieron a Él en el templo y arrojaron al suelo a una mujer sorprendida en el acto de adulterio.

Si hubiera una bienaventuranza del servicio, quizá rezaría así: Bienaventurados los flexibles, porque se doblarán y no se partirán.

A Jesús lo rodeaba una turba hipócrita con piedras en las manos, dispuesta a apedrear a muerte a la mujer. Estoy seguro de que Jesús sabía que si las piedras no eran para ella, entonces probablemente serían para Él. Empezó a servir a la mujer humillando a sus atacantes y perdonando sus pecados. Jesús eligió el arma correcta para la esfera adecuada.[6]

Espero que el desafío inesperado de usted no tenga el drama ni el peligro de una confrontación con un león o con una turba enfurecida armada de piedras. Aun cuando se trate sencillamente de la necesidad de adaptarse gozosamente a un inesperado cambio de planes a última hora, usted debe prever y prepararse para lo inesperado. Si hubiera una bienaventuranza del servicio, quizá rezaría así: *Bienaventurados los flexibles, porque se doblarán y no se partirán.*

LA IMPORTANCIA DE LA PREPARACIÓN

Jesús fue un siervo magistral que entendía la importancia de la preparación. Cuando en las bodas de Caná su madre le dijo que no había vino, lo primero que Jesús hizo fue ordenar a los siervos que *prepararan* las tinajas de agua.[7] Sólo entonces convirtió el agua en vino para los invitados de las bodas. Él también les dijo a sus discípulos que *prepararan* a la multitud de 5.000 hombres antes de alimentarlos milagrosamente.[8] En otra ocasión Jesús envió por delante a sus discípulos para *preparararle* condiciones antes de montarse en un pollino y entrar en Jerusalén.[9]

A veces las preparaciones del Señor eran increíblemente detalladas y de naturaleza profética, incluso cuando sólo tenían que ver con necesidades naturales:

> Y Jesús envió a Pedro y a Juan, diciendo: Id, *preparadnos* la pascua para que la comamos. Ellos le dijeron: ¿Dónde quieres que la preparemos? Él les dijo: He aquí, al entrar en la ciudad os saldrá al encuentro un hombre que lleva un cántaro de agua; seguidle hasta la casa donde entrare, y decid al padre de familia de esa casa: El Maestro te dice: ¿Dónde está el aposento donde he de comer la pascua con mis discípulos? Entonces él os mostrará un gran aposento alto ya dispuesto; preparad allí.[10]

Los verdaderos siervos también prevén las necesidades siendo *espiritualmente sensibles antes de tiempo.* Hace algunos años mientras realizaba yo mi inicial caminata ministerial transcontinental a través de África del Sur, un amigo mío llamado Ron Watermeyer percibió en el Espíritu que yo necesitaba su ayuda. Él inmediatamente pidió permiso en su trabajo y viajó con su esposa y sus hijitos muchos centenares de millas para encontrarse con Carol y conmigo (y con nuestros hijos) en el camino.

NO ÉRAMOS LOS ÚNICOS QUE ESTÁBAMOS DESGASTADOS

En esa ocasión nos estábamos desgastando debido al ritmo excepcional del ministerio tanto en el camino como fuera de él. No éramos los únicos que estábamos desgastados. Nuestro coche y nuestra casa remolque también estaban necesitados de seria reparación.

Ron tenía dos propósitos en mente cuando llegó: el de cerciorarse de que todos nuestros vehículos fueran reparados y estuvieran en perfecto funcionamiento; y quería asegurarse de que Carol y yo nos refrescáramos en cuerpo, alma y espíritu.

Mientras que otro estimado amigo nos servía de anfitrión a Carol, los niños y a mí en un pequeño hotel vacacional, Ron llevó nuestros vehículos a la gran ciudad de Durban para hacer que los repararan. Durante ese tiempo, nuestra familia entera fue verdaderamente bendecida, refrescada y restaurada física y espiritualmente.

Ron volvió con los vehículos totalmente reparados y reacondicionados, y una semana después emprendimos viaje de nuevo sintiéndonos bendecidos por su servicio sobrenatural. Ron fue espiritualmente sensible al impulso del Espíritu Santo, y actuó con genuina unción divina de servicio.

El servir, por definición, prácticamente incluye toda clase de ministerio, pero la importancia de ser espiritualmente sensible por adelantado es especialmente esencial en la esfera del ministerio público de la Palabra de Dios y del ministerio personal de la oración.

Justamente antes de que Roddy y yo partiéramos para el viaje de Haití que mencioné antes, el Espíritu Santo nos advirtió, durante un tiempo de lucha espiritual en la oración, que encontraríamos resistencia demoniaca en esa nación. Advertidos por el Señor, entramos en Haití armados con la preparación de la previsión.

Se dice que hace unos 300 años los líderes de Haití dedicaron su nación a Satanás en un pacto para alcanzar la libertad del poder colonial. Cuando menos, Haití disfruta de la notoria distinción de ser un refugio del día moderno para las prácticas del vudú y de la brujería.

Una noche Rod y yo estábamos ministrando a unas 400 personas en las afueras de la capital haitiana de Port-au-Prince cuando me sentí impulsado a orar por los que buscaban el bautismo del Espíritu Santo que se describe en el libro de Hechos de los Apóstoles. Esta era una función rutinaria del ministerio que había yo desempeñado muchas veces antes y, normalmente, es un proceso bastante dignificado: Cuando empiezo a orar por las personas, el Espíritu Santo desciende sobre ellas y algunas empiezan a recibir la plenitud mientras que otras sólo se mantienen en pie tranquilamente. Esa noche, por lo menos la mitad de la multitud pasó al frente para recibir el bautismo del Espíritu Santo.

PARECIERON PRESENTARSE TODOS LOS DEMONIOS DEL INFIERNO

Empezamos a orar por las personas como de costumbre, pero esta vez parecía como si todos los demonios del infierno se hubieran presentado. Unas personas empezaron a gritar y otras a tener convulsiones. Algunas hasta echaban espuma por la boca y otras intentaban estrangularse mutuamente o destrozar el mobiliario del lugar. ¡Era un verdadero *pandemónium*![11]

Me paré en una banca y firmemente reprendí a los espíritus de la multitud en el nombre de Jesús, y ésta inmediatamente se tranquilizó. El servicio sobrenatural rara vez es simple, y debemos estar alerta por lo inesperado. A Roddy y a mí esta situación inesperada no nos impactó porque *previmos* la resistencia potencial y nos *preparamos* de antemano en oración. Sencillamente usamos la autoridad que Dios ha dado a cada creyente para ordenar a los demonios que doblen su rodilla ante el nombre de Jesucristo.

La previsión espiritualmente sensible desempeña un papel crucial en otra esfera de servicio más a menudo proporcionada por iglesias locales, aunque ciertos individuos sirven de este modo también. Me estoy refiriendo a los esfuerzos de iglesias locales para ayudar a los ministros del evangelio a ausentarse a fin de pasar tiempos vitales de descanso, esparcimiento y soledad con el Señor.

Aun Jesús se apartó a fin de pasar tiempos de oración y de íntima comunicación con su Padre en los cielos, pero en la actualidad muchos ministros raras veces dedican tiempo para refrescarse. He observado en mis viajes que algunas iglesias son espiritualmente sensibles a esta necesidad en la vida de los ministros pero otras no lo son.

LA IGLESIA QUE SIEMPRE NOS REFRESCA

De vez en cuando Carol y yo tenemos el privilegio de asistir a una iglesia en la villa de Sedgefield, situada a lo largo de la famosa *Garden Route* ("ruta Jardín") de África del Sur, uno de los más bellos tramos de paisaje en esa región del mundo. Cuando vamos a Sedgefield, la iglesia siempre hace arreglos para que tomemos un descanso durante unos días después que ministramos. Nos alojan en un centro vacacional de tiempo compartido que ofrece unos exquisitos chalés edificados en el borde de las empinadas dunas situadas a varios cientos de pies sobre las olas del mar. La iglesia amablemente abastece por adelantado la despensa y se asegura de que haya toda clase de frutas y pasteles en el refrigerador.

En otra ocasión, una ingeniosa iglesia en Ciudad del Cabo, África del Sur, nos dijo que cuando fuéramos a ministrar a su congregación apartáramos dos días adicionales en nuestro calendario. La iglesia quería pagarnos una excursión en tren —en primera clase— en vez del acostumbrado viaje de vuelta a casa en avión. Nos divirtió el asunto, aunque en realidad no estábamos muy seguros de qué esperar.

Después de un maravilloso tiempo de ministerio, abordamos el tren de lujo y empezamos a relajarnos según éste atravesaba serpenteando el exquisito valle del río Hex. Esa noche cenamos opíparamente en un coche comedor formal de gran elegancia, deleite que disfrutamos de nuevo al desayunar la mañana siguiente. Llegamos a casa totalmente refrescados y grandemente bendecidos. Esa iglesia fue *sensible por adelantado*; sus miembros previeron nuestras necesidades y nos sirvieron en una manera singular que nunca olvidaremos.

Los siervos de Dios siempre deben ser sensibles al Espíritu Santo cuando sirven. Esto es especialmente importante para los que predican la Palabra o en alguna manera guían el rebaño de Dios. La sensibilidad al Espíritu puede ser el factor determinante entre una visitación poderosa de Dios, que cambie vidas e inicie un avivamiento, y un breve preludio de lo que podría haber ocurrido si sólo... No podemos darnos el lujo de ser insensibles e inflexibles al Espíritu de Dios cuando Él nos impulse a hacer algo que jamás hayamos hecho antes.

Jesús fue el siervo previsor por excelencia Él pasó su vida entera en la tierra en sólo dos modalidades: la de *evangelización*, declarando que el reino de los cielos se había acercado, y la de *servir*. Todo lo que hizo se ajusta a una de esas dos categorías de ministerio. *Al servir*, Él *preveía* continuamente que el reino de su Padre vendría y que su voluntad se haría en la tierra. Ahora Él ha transferido *a nosotros* su doble ministerio.

Notas

1. Véase Lucas 19:13, en el contexto del reino de Dios.
2. Gálatas 5:13.
3. Mateo 25:40.
4. Génesis 45:4-8 (cursivas del autor).
5. Véase 1 Samuel 17:34-37.
6. Véase Juan 8:2-11.
7. Véase Juan 2:7.
8. Véase Marcos 6:39-44.
9. Véase Mateo 21:1-10.
10. Lucas 22: 8-12 (cursivas del autor).
11. Hablo literalmente."Pandemónium" es el nombre que Milton le dio en el *Paraíso perdido* a la capital del infierno.Se trata de una palabra compuesta en griego que significa "todos los demonios".

CAPÍTULO ONCE

CÓMO TAPONAR LOS SALIDEROS Y SERVIR TODA LA VIDA

HABLA TOMMY

"La unción se sale; los cristianos también."

Durante varios años, Dave ha usado este inolvidable refrán para iniciar la última sesión de sus talleres de Celebración del Servicio. Esa frase me recuerda una anécdota que mi padre, T. F. Tenney, compartió conmigo sobre algo que él presenció durante un culto de la iglesia. Él vio a un joven que oraba en el altar con lo que parecía ser una rara pasión: *"¡Señor, lléname! ¡Señor, lléname!"*

Eso parecía encomiable, pero algo más que oyó mi papá lo hizo pensar que este joven en particular era una persona que "era lleno" cada vez que había un avivamiento pero que "nunca mantenía su plenitud". Cuando le pregunté por qué, mi papá me dijo que él también oyó orar a una señora mayor que estaba enfrente del joven: *"No lo hagas, Señor. ¡Él se sale!"*

Quizá la estimada hermana realmente rogaba: "Señor, repara los salideros antes de que lo llenes." El problema es que muchos de nosotros vamos a la iglesia y somos llenos de la gloria, poder y pureza de Dios. Sin embargo, de algún modo al salir de la cocina de Dios, nos las arreglamos para derramar el vaso de la gloria.

Dejamos salirse tan a menudo y tan completamente el depósito celestial de Dios que nos acostumbramos a mantener nuestra vida con los humos celestiales en vez de con el fuego divino. Nuestras buenas intenciones son como un recipiente de gasolina reluciente pero agujereado: Tenemos la pintura roja luminosa que indica nuestra pasión; la calcomanía cristiana que advierte acerca del poder del combustible

Los síntomas de enfermedades del corazón en la iglesia son alarmantes. Estamos demasiado jadeantes y débiles en espíritu para seguir al Médico divino por las calles y participar en su gloria.

que contenemos, y el aviso que declara nuestro maravilloso potencial para mover el mundo con lo que está dentro de nosotros. Sin embargo, cualquiera que realmente intente usar el combustible que hay dentro de nosotros descubrirá con rapidez que en realidad contenemos mayormente humos volátiles y promesas vacías... todo nuestro potencial real se salió hace ya mucho tiempo.

BUENAS INTENCIONES SIN LA ACCIÓN CORRESPONDIENTE

Es ese un cuadro de lo que nos ocurre cuando aceptamos una vida llena de buenas intenciones y ninguna acción correspondiente. Es la condición mortal del corazón de la iglesia sobre la que Santiago nos advirtió cuando dijo que "la fe sin obras es muerta".[1] El Médico Divino le está avisando a su cuerpo: *Viene la prueba de la tensión.*

Los síntomas de enfermedades del corazón en la iglesia son alarmantes Él ha descubierto que *sabemos* más de lo que *hacemos*. Nuestro conocimiento ha sobrepasado a nuestras acciones (y a las expectativas de Él). El sistema farisaico murió finalmente de las complicaciones de esos síntomas. Vivimos por debajo de sus promesas y de su vocación, y estamos demasiado jadeantes y débiles en espíritu para seguirlo por las calles y participar en su gloria.

Servir es exactamente lo que el Doctor le ha recetado a su obeso, hinchado y letárgico cuerpo. Es hora de que nos levantemos del diván de la indulgencia y pongamos a un lado nuestros batidos de "Señor, bendíceme". Queda trabajo por hacer y exceso de peso del cual "despojarnos".[2] La iglesia de la inspiración debe convertirse en la iglesia de la transpiración si esperamos mantenernos corriendo al ritmo del Siervo principal y pionero de nuestra fe.

La comida preparada en la mesa del Señor es maravillosa y emocionante, pero primero alguien tiene que lavar la suciedad de los pies de pecadores y santos por igual antes de que éstos puedan sentarse a la mesa. Si no lo hacemos, ¿tendrá el Rey de gloria que avergonzarnos en público inclinándose para tomar Él mismo una vez más nuestra toalla caída?

HABLA DAVID

La unción se sale; los cristianos también. Como un vaso agujereado que habla con otro, yo les aseguro que constantemente debo traer a la memoria la visión y metas que Dios me dio al principio. La mayoría de los pastores alrededor del mundo dedican gran parte de su vida a intentar mantener a sus iglesias enfocadas en la visión fundadora que Dios puso en su corazón. Podemos distraernos con facilidad y muy probablemente olvidarnos de las cosas más importantes debido a todas las *otras* cosas.

El Señor empezó a hablarme acerca del servir durante el momento en que fue concebida en mi corazón la Celebración del Servicio después de doce días de oración y ayuno. Estudié las vidas de los grandes siervos de la Biblia y recibí algunos principios muy importantes. Con todo, no podía conseguir sacar de mi mente el problema de los "salideros". Quería saber qué podíamos hacer para que esas verdades fueran recordadas por personas a las que, como a mí, la memoria se les iba ocasionalmente de vacaciones no programadas.

Cuando le pedí al Señor sabiduría "a prueba de salideros", me di cuenta de que Él estaba guiándome suavemente al pasaje de la Escritura que dice: "*Estad quietos*, y conoced que yo soy Dios; seré exaltado entre las naciones; enaltecido seré en la tierra!"[3] Eso no es fácil para un predicador, pero me senté a la mesa con mi pluma y mi cuaderno y le dije: "Está bien, Señor. No hablaré hasta que Tú me hables."

CUATRO HORAS MÁS TARDE

Permanecí allí sentado durante horas con mi cuaderno y mi pluma sin pronunciar ni una sola palabra. De hecho, *cuatro* horas más tarde no había ocurrido nada. En todo ese tiempo, yo había escrito sólo una cosa en mi cuaderno: la palabra *servant* ("siervo" en inglés). A mí no me parecía particularmente profunda; después de todo, el Señor y yo habíamos estado hablando y concentrándonos en los siervos durante los últimos diez días.

Cómo taponar los salideros y servir toda la vida

"¿No hay nada más?", pregunté en oración. Entonces sentí decir a la sosegada unción del Espíritu Santo: "Eso es todo lo que quiero decirte." Cuando miré fijamente esta solitaria palabra en mi cuaderno, observé que el vocablo *servant* ("siervo" en inglés) tenía siete letras. Sentí al Señor decirme: "Esa es la clave que quiero darte."

Hay una letra en *servant* para cada día de la semana, y esa es la clave a la que nosotros llamamos *el servicio cotidiano*. El Señor me dio siete claves basadas en cada letra de la palabra *servant*. Esas claves nos ayudarán a vivir como siervos cada día de la semana.

Muchos creyentes quieren servir a Jesucristo genuinamente. Tienen corazón de siervo pero en realidad no saben servir. El primer paso para la mayoría de nosotros empieza cuando elegimos a un individuo o pareja a quien servir en el nombre de Cristo (más de una persona o pareja pueden convertirse en una distracción). Este no es un "servicio a la cañona", sino uno individualizado mediante el cual usted sirve a otro(s). Una vez que uno haya tomado esa decisión, he hallado que este sencillo y práctico modelo de siete días ha sido un factor determinante para miles de personas alrededor del mundo.

SIETE CLAVES PARA EL SERVICIO COTIDIANO

Día 1: La letra "s" de *servant*

La letra "s" de *servant* representa la manera en que los verdaderos siervos *hablan amor* ("speak love") a todos con los que se tropiezan y en cada situación. Si usted desea ser un siervo, empiece el primer día de la semana sirviendo a los demás y hable amor en la vida de ellos. Todos necesitamos estímulo, amor y autovaloración positiva, pero es asombroso ver cuántas personas luchan por sobreponerse a una baja autoestima.

Estimularnos unos a otros no cuesta nada y es una necesidad esencial para todos. Así que ¿por qué en tan raras ocasiones nos animamos unos a otros? Seleccione *a la persona* a la cual usted va a servir esta semana, póngase en contacto con él o ella y empiece a hablarle palabras de amor y de estímulo a esa vida. El cambio que tendrá el semblante de esa persona lo asombrará.

Nunca suponga que habrá alguien que no necesite sus palabras de amor y estímulo. *Todos* las necesitamos: padres, hijos, jefes (bien sean amistosos u hostiles), amigos, miembros de la familia e incluso pastores y ministros (ninguno de nosotros es tan perfecto como parece).

Muchos nunca incluyen a su pastor en su lista de "amor y estímulo" porque piensan: *Si el pastor camina tan cerca del Señor; ¿por qué tendría necesidad él de estímulo?* Los pastores enfrentan tremendas presiones todos los días, y al contrario de otras profesiones que se ejercen de día, el trabajo de un pastor parece que nunca termina. Ellos aprenden rápidamente a ser accesibles las veinticuatro horas del día, los siete días de la semana, el año entero.

Muchos pastores sienten que tienen tantos jefes como haya miembros en la congregación... ¡y todos esos jefes parecen tener diferentes ideas sobre la manera en que hay que hacer las cosas! ¿Puede usted imaginarse cuán cansados deben de estar sus hombros de cargar las opiniones combinadas, las presiones, las necesidades urgentes y las discordancias de entre cincuenta a varios miles de personas? Sea usted sensible, y no se demore en hablarle palabras de amor y estímulo a su pastor.

Nunca subestime el poder de las palabras de estímulo

Ha sido mi observación personal que las mujeres parecen luchar más con problemas de autoestima que los hombres. Por algún motivo, es más probable que los hombres se encojan de hombros en cuanto a sus preocupaciones de autoestima y sigan adelante. Pero vez tras vez he visto a Satanás atormentar a mujeres piadosas con temores y complejos acerca de su valía, de su desempeño y de su apariencia ante los demás. Quizá sea porque las mujeres parecen ser más sensibles a los problemas personales que los hombres. Nunca subestime el poder de sus palabras de amor y estímulo para transformar el concepto que una mujer tenga de sí misma y levantar su autoestima.

Carol y yo conocemos a una joven mujer a la que amamos profundamente y a quien consideramos nuestra "hija en el Señor". Su padre me dijo una vez que cuando ella entraba en la adolescencia, era muy delgada y tenía el cabello largo y desgreñado, tenía los dientes deformes y usaba anteojos de gruesos lentes. Nada de eso le importaba a él, claro está. Él acostumbraba a sentarla en su regazo, abrazarla y decirle: "Eres la hija más bella del mundo. Cuando crezcas vas a ser una mujer muy hermosa."

Este padre *habló amor* a su hija día tras día, y según él le hablaba amor, ella empezó a florecer como una rosa. Hoy es una mujer hermosa no importa cómo se mida o defina la hermosura. Ella se destaca en cualquier multitud como una dama excepcional que es refinada e irradia belleza interior y exterior. Es una madre muy buena que tiene hijos encantadores y un excelente marido. A ella se la conoce por su manera de ser cortés, animadora y amorosa.

Esta bella joven superó sus obstáculos porque alguien se ocupó de hablarle amor a ella. Durante el "Día 1", hable amor a la persona que usted ha elegido servir. No se distraiga e intente hablar amor a su iglesia o pueblo entero. Concéntrese en *el individuo* que Dios le señale y empiece a *hablarle amor.*

Día 2: La letra "e" de *servant*

La letra "e" de *servant* representa la manera *eficaz* en que los siervos genuinos planifican, preparan y facilitan el servir a los demás. Jesús sirvió a sus discípulos en maneras muy eficaces. En una ocasión después de la resurrección del Señor, Pedro y otros seis discípulos decidieron ir a pescar al mar de Galilea.[4] Me parece claro que estaban desalentados acerca de su futuro incierto sin la presencia física de Jesús en los días venideros.

Cuando Él los llamó desde la orilla, los siete hombres habían pescado toda la noche sin capturar nada, aun cuando algunos de ellos eran pescadores comerciales experimentados. Jesús decidió bendecirlos durante lo que bien puede haber sido el momento de mayor depresión de ellos en varios días. Resulta claro que el Maestro *se había preparado eficazmente y había planificado* su servicio a aquellos que Él amaba:

> Y les dijo: Hijitos, ¿tenéis algo de comer? Le respondieron: No. Él les dijo: Echad la red a la derecha de la barca, y hallaréis. Entonces la echaron, y ya no la podían sacar, por la gran cantidad de peces. Al descender a tierra, *vieron brasas puestas*, y un pez *encima de ellas*, y *pan*. Jesús les dijo: Traed de los peces que acabáis de pescar. Les dijo Jesús: *Venid, comed*.[...].[5]

Jesús no les dijo: "Bien, amados, creo que los voy a bendecir ahora. ¿Han pescado algo? Vamos a buscar un poco de leña." El fuego ya estaba prendido, el pan había sido horneado, y el pescado estaban sobre la hornilla listo para comer. El Siervo por excelencia planificó eficazmente su servicio antes de llevarlo a cabo.

El buen samaritano era un eficaz planificador

El buen samaritano que Jesús les describió a sus discípulos, exhibió habilidades de preparación y planificación eficaces además de sus actos de afectuosa misericordia. En primer lugar, era un viajero bien provisto porque tenía todo lo necesario para darle los primeros auxilios a la víctima judía que se encontró a la vera del camino: tenía tela para las vendas, aceite y vino (que se usaba como astringente).⁶

Luego de cargar al hombre en su vehículo del primero siglo, lo llevó a un mesón cercano y lo cuidó toda la noche. Entonces llevó a cabo un elaborado plan, cuyos gastos correrían por su propia cuenta, para proporcionarle cuidado constante y a largo plazo al judío desconocido: "Otro día al partir, sacó dos denarios, y los dio al mesonero, y le dijo: Cuídamele; y todo lo que gastes de más, yo te lo pagaré cuando regrese."⁷

Es importante que preparemos y planifiquemos eficazmente nuestro servicio a los demás. Algunas cosas requieren mucha preparación y pueden ser difíciles de planificar, pero la dificultad no será nada comparada con la bendición que traerá a su vida y la de aquellos a quienes usted sirve.

Dee es la esposa de un pastor que vive en Ciudad del Cabo, África del Sur. Esta estimada amiga nuestra recibió la visita de una muchacha suiza de su iglesia que estaba en estado de gestación. Dee le preguntó si sus amigas y familiares en Suiza iban a darle una *baby shower* (fiesta de regalos para el bebé), y ella le dijo: "¿Y qué es una *baby shower*?"

Dee invitó a la joven a que la acompañara

Dee le explicó que se trataba de una fiesta en la que los amigos y parientes de la futura madre le obsequiaban una "lluvia" de ropa de bebé, matracas, chupetes y otros artículos de canastilla para bendecirla.

—Oh, nosotros en Suiza no tenemos nada así —dijo la joven.

Dee le contestó rápidamente:

—No te preocupes, iremos a una *baby shower* de aquí a dos días—, e invitó a la joven a que la acompañara a esa fiesta.

Dos días después, cuando llegaron a la *baby shower*, la joven invitada de Dee descubrió para su deleite que Dee ¡había organizado la fiesta para ella! Dee les había avisado a todas las damas de la iglesia, y éstas colaboraron para bendecir a la joven con muchos regalos y una creativa fiesta. Ese acontecimiento no fue instantáneo ni fácil; tuvo lugar gracias a *la planificación y a la preparación eficaces*.

A veces lo único que tenemos para darles al Señor y a otros es el sudor de nuestra frente y nuestra capacidad de planificar, preparar y organizar. Éste fue el caso de una pareja que conocimos mientras servían de anfitriones de una poco concurrida conferencia de pastores en una pequeña aldea en la zona costera de África del Sur. Esta pareja nos sirvió a nosotros y a los pastores y sus esposas durante toda nuestra estancia, y *esta pareja era de veras ex-*

traordinaria. Si estábamos comiendo pastel u otra cosa durante un intermedio de la reunión, tomarían nuestros platos en cuanto hubiéramos terminado. Si extendíamos la mano para alcanzar otro refresco, nos darían un vaso lleno antes de que siquiera lo hubiéramos pedido. Esta pareja nos sirvió con increíble eficacia y diligencia. Supe luego que atravesaban por algunas dificultades económicas; con todo, querían bendecirnos y servirnos.

Aunamos nuestros recursos para bendecirlos

Al día siguiente les hablé a todos los pastores y a sus esposas, y decidimos bendecirlos con unas vacaciones a fin de ayudarlos a aliviar el estrés que habían estado experimentando. Aunamos nuestros recursos para enviarlos a la ciudad turística de Port Elizabeth, en la que nosotros vivimos, y los hospedamos en un buen hotel de la playa.

Todos contribuimos dinero adicional a fin de que la pareja pudiera cenar cada noche en un buen restaurante; y nos aseguramos de que tuvieran un coche en qué transportarse mientras estuvieran allí. Justamente antes de que llegaran, Carol puso en su habitación algunas flores bonitas, regalos y una tarjeta.

Esa pareja nos ministró a los asistentes de la conferencia con todo lo que tenían para dar. A todos nos bendijo el desinteresado servicio de la pareja y aunque entendíamos que no podríamos aliviar su situación económica a largo plazo; decidimos bendecirlos con todo lo que teníamos para dar. Una vez más, nuestro servicio tuvo que ser *eficazmente preparado y planificado*.

(A esa pareja tanto le gustó servirnos a nosotros y a los ministros invitados a nuestra poco concurrida conferencia, y a sus esposas, que se sintieron guiados a empezar un negocio de catering. Éste les ha proporcionado una buena situación económica y todavía, al tiempo de escribir esto, operan el negocio, pues cada mes suministran comida para muchos centenares de personas que asisten a las conferencias. A Dios le deleita mostrarse fiel a sus siervos fieles.)

Día 3: La letra "r" de *servant*

La letra "r" de *servant* representa la responsabilidad de los siervos de Dios de **revelar a Jesús**. El primer día de la semana, usted habló amor. El segundo día usted se preparó y planificó eficazmente. El tercer día —el día de la vida nueva— *revele a Jesús*.

Encuentre un pasaje de la Biblia que sea apropiado para compartir con la persona que usted ha estado sirviendo, aun cuando ella no conozca al Señor. Entonces diga: "Sabes, esta mañana cuando estaba en oración, sentí que Él quería que yo te dijera esto." Entonces léale o cítele de memoria el pasaje de la Escritura que el Señor le haya dado. Por último, puede usted revelar a Jesús contándole una historia interesante o un testimonio sobre la bondad de Dios y de cómo usted personalmente lo ha visto obrar a Él.

Recuerdo a un joven surfista de pelo largo que tenía puesto un arete, y vestía pantalones cortos holgados y sandalias. Él sintió convicción durante una conferencia de Celebración del Servicio. Decidió que quería servir; pero quiso hacerlo, impulsado por su necesidad, llevando a cabo algo que normalmente no haría. Ya que detestaba especialmente ir de compras con su madre (se trataba de un adolescente, e ir de tiendas no estaba nada en la onda), sabía lo que tendría que hacer.

Cuando llegó el momento de la verdad, descubrió que iría de compras en compañía no sólo de su madre sino *también* de su abuela. Él fielmente las siguió, vestido con su mejor traje de surfista y empujaba el carrito de mercancías de ellas o les llevaba los paquetes conforme lo necesitaran.

En el camino de regreso a casa los tres compradores decidieron detenerse en el hospital para visitar a su abuelo que estaba muy grave. Cuando el jovencito se sentó con su madre y abuela alrededor de la cama de su abuelo, les preguntó de repente: "¿Podría tener unos momentos a solas con abuelo?" Cuando todos los demás salieron de la habitación, él empezó a compartir el evangelio con su abuelo y lo guió a Jesús.

Él escogió servir y le reveló a Jesús a su abuelo

Cuando la madre y la abuela regresaron a la sala, el joven surfista dio un paseo por el jardín del hospital. Todavía estaba en el jardín cuando ellas fueron y le dijeron que había fallecido su abuelo. Este jovencito escogió servir yendo de tiendas obedientemente y pudo revelarle a Jesús a su abuelo y guiarlo al Señor sólo momentos antes de que muriera. Las Escrituras declaran que "el testimonio de Jesús es el espíritu de la profecía".[8]

Si usted comparte testimonios e historias acerca de la fidelidad del Señor en su vida con alguien que no crea en el Señor, ¡no se sorprenda si éste le *pone atención a lo que usted dice!* A menudo reaccionan diciendo algo así: "Sí, Dios también hizo tal y más cual cosa por mí e hizo esto y lo otro por mi tía Edna." Un espíritu de acción de gracias parece venir sobre ellos ¡aunque ni siquiera conozcan al Señor!

En tales ocasiones me encanta compartir acerca del rebosamiento de la provisión de Dios hacia nosotros. Mi familia vive con increíbles bendiciones porque, por la naturaleza misma de nuestro ministerio, cada día parece producir historias milagrosas de la provisión de Dios. Hoy nuestro ministerio se conoce relativamente bien en África del Sur y está surgiendo en Estados Unidos, pero en los días iniciales era un genuino andar por fe. A veces Carol y los niños avanzaban hasta la próxima ciudad o pueblo mientras yo seguía caminando por la carretera con mi cruz y mi lebrillo. Ellos entrarían en un parque de casas remolque aunque no tuviéramos suficiente dinero para pagar por quedarnos allí la mañana siguiente. De vez en cuando un motorista se detendría para saludarme en la carretera y darme el dinero que necesitábamos para pagar el alquiler del estacionamiento de casas remolque una vez que yo me reuniera con mi familia esa noche. *Esa es sencillamente la bondad abrumadora de Dios.* Vivo convencido de que Dios *nos da milagros a todos* en nuestra vida para que podamos *revelar a Jesús* a otras personas. Esos milagros tienen el poder de captar la atención y de tocar corazones y avivar la fe en Dios.

Día 4: Día 4: La letra "v" de *servant*

La letra "v" de *servant* representa la necesidad que tiene el siervo de **verificar** las cosas con la persona a la que servirá. En el nivel más sencillo, yo jamás agarro los pies de una persona y los introduzco de golpe en mi lebrillo de lavatorio de pies. Le pregunto de antemano si me permite el privilegio de lavarle los pies. Si usted siente que el Señor quiere que bendiga a una dama pagándole todos los servicios de una peluquera, necesita verificar algunos detalles diciéndole: "Me gustaría bendecirte mañana obsequiándote un peinado de peluquería. ¿Está bien que sea mañana?" Si usted planifica llevar el automóvil de una madre sola o de una viuda a reparar al garaje o bendecir a una pareja con una cena en un restaurante, entonces *verifique* los detalles: "Esto es lo que quiero hacer para bendecirte. ¿Tienes algún reparo en que lo haga?"

La *verificación* más importante de todas es esta: Compruebe con el Señor que su plan sea una idea "dada por Dios" y no sólo una buena idea.

Hay también varias otras "v" en *servant*:

1. Sirva con *vitalidad*. Sea entusiasta y alegre, aun cuando la persona a la que usted sirve no parezca agradecerlo. A veces las personas piensan que tienen el derecho a que se las sirva o apenas aprecian lo que usted hace. No olvide hacerlo todo como para Dios, y mantenga una actitud piadosa en

su corazón. Recuerdo haber hablado con un joven que servía de ayudante personal en uno de los ministerios que yo visité. Lo felicité por su corazón de siervo y le dije que la actitud de siervo que él reflejaba me había bendecido. Su respuesta fue profunda: "Ser sirviente es algo bueno, pero cuando a usted lo tratan como si fuera un siervo, no siempre es fácil." Espere que lo traten como lo que usted es: *un siervo*. Las falsas expectativas pueden ocasionar "salideros de la vitalidad".

2. Cuando usted verifique los detalles de su deseo de servir a alguien, hágalo con mucha *sensibilidad*. Nunca imponga su voluntad cuando esté usted sirviendo a alguien. Si Jesús jamás nos impone su voluntad a nosotros, ¿qué bases tenemos para imponerles nuestra voluntad a los demás?

3. Sirva con mucha *cautela*. Hace muchos años, mucho antes de que supiéramos que viviríamos allí, tuvimos una gran actividad ministerial en Port Elizabeth, África del Sur. Enviamos a setenta personas para que fueran de casa en casa por ciertas calles seleccionadas. Desde una base central, dos guerreros de oración respaldaban en oración a cada uno de los setenta ministros; intercedían por los equipos de ministerio noche tras noche mientras éstos se aventuraban a alcanzar a los perdidos y sufrientes. La primera noche Carol y yo nos unimos a una joven y visitamos a una familia en particular. Sentí que sencillamente debíamos amar a esa familia y evitar predicarles esa noche. El Espíritu Santo me aseguró que Él me mostraría cuándo compartir el evangelio. La noche final el Señor me dijo: "Esta es la noche de ustedes." Cuando les dije a los miembros de la familia:

—Quiero hablarles acerca de Jesús.

Uno de ellos me respondió:

—Me preguntaba cuándo usted nos iba a hablar acerca de Él.

El tiempo de Dios siempre es el momento correcto. Esa noche toda la familia rindió su corazón a Jesús.

4. *Atrévase a salir* y no ceda ante sus miedos. La excusa más común que yo oigo para el fracaso de servir a otros y revelar al Salvador es esta: "Eso está bien para otros, pero yo no

puedo hacer nada. No soy creativo ni educado, y yo realmente no tengo muchos recursos ni talentos. ¿Qué puedo hacer?" Conozco a una mujer de oración de avanzada edad que era inculta y casi analfabeta. No obstante, amaba al Señor y tenía un deseo ardiente de ver a su barrio recibir a Jesucristo. Un día horneó un pastel y tocó a la puerta de sus vecinos. Cuando ella anunció: "He venido a visitarlos y a tomarme una taza de café; aquí les traigo un pastel", los vecinos se sorprendieron un poco; pero la invitaron a pasar de todas maneras. Mientras compartían el pastel y hablaban, esta mujer llevó a sus vecinos al Señor. Ella hizo lo mismo en cada casa de su barrio. Al cabo de unos meses, ¡ella condujo a la mayoría de las personas de su urbanización a Cristo! Dios le ha dado a usted una manera de servir, no importa quién sea o lo que pueda hacer. No tenga miedo... *aventúrese a salir.*

Día 5: La letra "a" de *servant*

La letra "a" de *servant* nos recuerda que debemos siempre **actuar con amor**. Es este el día cuando usted hace aquello para que lo que se ha preparado. Hágalo alegremente. Haga, de ser posible, que resulte un gozo para usted, así como para la persona a la que usted sirve. Mi amigo Roddy, quien me acompañó a Haití y a otras misiones, se casó con una mujer encantadora que sirve de líder de adoración en su iglesia. En el día de la boda, los invitados decidieron bendecir a los recién casados de una manera alegre pero *amorosa*.

Durante la recepción, algunos de los invitados "secuestraron" a la novia de Roddy y se la llevaron rápidamente fuera del área principal de la recepción. Entonces le preguntaron: "¿Te gustaría que te devolviéramos a tu novia?" Cuando él les contestó, como era de esperarse: "Sí, ¡mucho!" Ellos le explicaron que tendría que "rescatarla" de una manera específica.

Roddy tendría que ir a cada mesa caminando con sus manos y rodillas, y pedirles a los invitados el dinero del rescate. El novio fiel pidió ayuda y finalmente les trajo el dinero del rescate a los secuestradores. Cuando contaron el dinero del rescate, le dijeron al ansioso novio: "¡No, esto no es suficiente! ¡Ve y busca más!"

Dolorosa y alegremente, el pobre Roddy fue a pedir una vez más mesa por mesa. Esto prosiguió tres veces más hasta que se reunió un dinero de rescate de varios miles de dólares. Esta vez los secuestradores estuvieron de acuerdo en que el total del dinero del rescate era suficiente; Entonces le informaron a Roddy que podía *quedarse* con el dinero del rescate, y le devolvieron alegremente a su novia.

Usted puede actuar con amor y divertirse al mismo tiempo

Los ingeniosos invitados sabían que Roddy y su novia tenían un buen sentido del humor y que no se ofenderían. Se las arreglaron para bendecir a Roddy y a su novia en tanto que proporcionaron un recuerdo inolvidable que siempre que se menciona trae alegría y risa hasta el presente. Podemos *actuar con amor* y divertirnos al mismo tiempo porque el servicio es una dignidad y un deleite.

Muchas veces tenemos que *actuar con amor* incluso cuando hacerlo no sea divertido. Servir es siempre una alegría, una dignidad y un deleite; *pero no siempre es fácil.* De vez en cuando el Señor nos llama a proporcionar un acto de servicio cuando no es conveniente ni cómodo.

Durante nuestros viajes de ministerio a lo largo de los años, Dios nos ha permitido a menudo orar por los enfermos. Hemos presenciado en esas ocasiones algunos de los más asombrosos milagros, pero sabíamos que teníamos que servir tanto si eran contestadas nuestras oraciones por sanidad en ese momento o no. Nuestra prueba más grande nos aguardaba a la vuelta de la esquina.

Una noche Carol y yo nos dirigíamos en coche a poca distancia del sitio en que yo había recorrido el camino con la cruz y el lebrillo hasta uno de los aeropuertos de la ciudad costera oriental de África del Sur para tomar un vuelo nocturno a Durban. Estaba previsto que yo presidiera una serie de reuniones misioneras con varias iglesias ese fin de semana. Antes de abordar el avión, telefoneamos a nuestros hijos que estaban quedándose con mis suegros en Johannesburg.

Mientras Carol hablaba con nuestra hija Carynne, se dio cuenta de una urgencia en la voz de ésta cuando le dijo: "Mamá, abuelita está muy enferma. Sé que ella no te lo dirá porque no quiere alarmarte; pero, por favor, Mamá, tienes que venir."

Carol supo al instante que Carynne hablaba en serio, y también supo que sus padres harían cualquier cosa por evitar someternos a ninguna presión o preocupación. ¿Qué podíamos hacer? Teníamos los pasajes reservados y eran las once de la noche. y nuestro avión iba a salir para Durban en veinticinco minutos.

Finalmente decidimos que Carol volaría a Durban, como habíamos planificado, y pasaría la noche allí. Y temprano la mañana siguiente yo la pondría en el primer vuelo a Johannesburg.

La madre de Carol tendría que ser hospitalizada

Al día siguiente, por la gracia de Dios, Carol abordó el vuelo a Johannesburg mientras que yo permanecería en Durban para continuar con el agitado programa de fin de semana. El lunes llamé a Carol y ella me dijo que su madre sería hospitalizada. Después me dijo que mi suegra iba a ser sometida a cirugía exploratoria y me preguntó si yo iría a Johannesburg.

El día siguiente mi suegra entró en el quirófano y el cirujano volvió con malas noticias. Le dijo a mi amada esposa y a su familia que mi suegra tenía cáncer terminal y que no había nada que se pudiera hacer por ella. El cáncer estaba demasiado avanzado para el tratamiento de quimioterapia. Él estimaba que a ella le quedaban entre tres meses y un año de vida.

La familia quedó aturdida. Tratamos de sobreponernos por fe al mismo tiempo que estábamos tambaleándonos del susto. Las preguntas surgieron en nosotros con —al parecer— pocas respuestas. "¿Por qué, Señor, si ella es tan joven? ¿Qué podrá ser? ¿Por qué debe pasar esto?"

Después que compartimos las nefastas noticias con la mamá de Carol, supe que era hora de que yo regresara al camino. Carol quiso retornar a su mamá a su casa e instalarla antes de reunirse conmigo en el camino, lo cual ella esperaba que tardaría sólo unos días. No ocurriría así.

Diez días más tarde un pastor local vino al remolque con un mensaje urgente de que yo debía llamar a Carol. Me apresuré al teléfono más cercano. Con voz temblorosa, Carol me dijo que yo tenía que ir a Johannesburg urgentemente. El doctor no esperaba que mi suegra sobreviviera la noche. Después de un rápido viaje de tres horas en coche hasta al aeropuerto más cercano, abordé un vuelo a la una de la mañana y llegue a Johannesburg dos horas más tarde.

Entré en la habitación de mi suegra y vi a la familia entera reunida allí, entre ellos el hermano de Carol y las hermanas con sus esposos. Me sentí chocado al ver cuánto se había deteriorado mi suegra en sólo quince días.

Seguimos sirviendo a mi suegra, incluso cuando ella cayó en estado de coma

Carol y yo decidimos *servir* a su mamá lo mejor que pudiéramos en tanto que ella respirara. Me levantaba cada mañana y me sentaba al lado de la cama de mamá suegra. Todo el día, hora tras hora, le leía o le recitaba la Palabra de Dios a ella. Esto duraba desde el alba hasta el ocaso, y entonces Carol me reemplazaba.

Ella se sentaba con su mamá a lo largo de la noche y oraba, la bañaba y se mantenía en vigilia al lado de la cama. Seguimos haciendo esto, incluso cuando ella cayó en estado de coma.

Cinco días más tarde podíamos ver que el fin se acercaba, y yo le dije: "Mamá, ¿puede ver a Jesús venir por usted? Él viene a buscarla. Sencillamente extienda sus manos y entréguese a Él"... y ella así lo hizo.

Las largas horas que nos pasamos al lado de la cama de una persona que tanto amábamos marcó una de nuestras más duras batallas de la vida. En ocasiones clamamos a Dios en medio del dolor mientras servíamos a la moribunda madre de Carol, pero con profunda dignidad pudimos servirla hasta que ella pasó a los brazos de Jesús. A veces, *el Señor sencillamente nos llama a estar disponibles al servicio*. Aunque no siempre sea fácil, sirva usted con dignidad y deleite.

Día 6: La letra "n" de *servant*

La letra "n" de la palabra *servant* representa nuestro llamamiento a servir a los demás a cambio de **nada**. Este es el día que nos lo pasamos en oración. Con eso quiero decir que sencillamente le dé gracias a Dios durante todo el día. Agradézcale el privilegio de que Él lo use para su gloria. Mientras le dé gracias, no le pida nada a cambio. Sencillamente diga: "Señor, yo *no espero nada a cambio*. Es tanto honor ser tu siervo." Los siervos no tienen ningún derecho. Renuncie usted a su "derecho" a quejarse y a que lo traten con respeto. ¡Cristo sirvió y fue crucificado... vaya *gracias* que le dieron a Él! Espere la ingratitud. Usted es un siervo. Reciba usted su gozo directamente de la presencia de Él y hallará suficiente fuerza para todo el día. Permita que su corazón se inunde de gratitud y de gozo a lo largo del día. Adore y alabe al Señor por haber elegido extenderle a usted el privilegio de la alta vocación de ser su *siervo*.

¡Imagine lo que un avivamiento de servicio haría en su iglesia y en su comunidad! Las personas empezarían a decir: "¡Nosotros sabemos acerca de ellos! ¡Sabemos cuán bondadosos son!"

Día 7: La letra "t" de *servant*

La letra "t" de *servant* representa el día que ponemos aparte para **esperar** ("tarry" en inglés) en el Señor. Este es el día en que le pedimos a Él que nos muestre a quién debemos servir la semana siguiente (podría ser un individuo, una pareja o una familia) y qué pasos debemos dar después.

Si usted sirve a un individuo o a una familia durante una semana, al fin del año usted habrá servido a cincuenta y dos individuos o familias diferentes. Multiplique ese número por el número de creyentes de su iglesia hogar para estimar cuántos miles de personas podrían ser servidas en comunidad *si sólo...*

Esto debe darle una vislumbre de lo que podría suceder *si el espíritu de servir en verdad se propagara* y toda su iglesia soltara la espada y tomara la toalla del servicio.

Hasta la mera posibilidad de lo que podría ocurrir hace que mi corazón salte de alegría. *¡Imagine usted lo que un avivamiento de servicio significaría para su iglesia y su comunidad!* ¿No sería algo tremendo vivir en "la comunidad que ama" y asistir "a la iglesia que sirve"? Las personas empezarían a decir: "¡Nosotros sabemos acerca de ellos! ¡Sabemos cuán bondadosos son! ¡Todos en esa iglesia sirven!"

El avivamiento siempre empieza en el corazón y se extiende de corazón a corazón. No espere a que otros capten la visión. Atrévase a pasar a la vanguardia como seguidor y siervo de Cristo. Deje que el Señor cambie su "ADN espiritual" y haga del servir *algo que usted sea*, no *algo que usted haga*. Jesús dijo que si quiere ser grande en su reino, debe usted ser un siervo. *Es este el secreto de la grandeza.*

HABLA DAVID

El Maestro ha dispuesto una maravillosa mesa de gloria y poder en su casa; pero, de nuevo, Él no puede encontrar a nadie que tome la toalla para servirlo a Él o los hermanos. Alguien tiene que ser humilde y estar quebrantado.

Alguien que pueda verter bastantes lágrimas para lavar los pies sucios tendrá reservado un lugar de honor al lado de nuestro Siervo principal. Él no procuró ninguna fama, pero nosotros constantemente intentamos establecer la nuestra. Él tomó forma de siervo mientras que nosotros intentamos hacernos señores.[9]

Muchos de nosotros estaríamos dispuestos a lavarle los pies a Jesús, pero Él exige que si deseamos lavarle los pies, entonces también tendremos que lavarles los pies a los demás. El Rey de gloria busca para su corte y su reino a siervos que limpien zapatos. Se ha terminado el tiempo de estudiar, discutir y ponderar. Es la hora de actuar.

Él llama a su reino de reyes y sacerdotes a que se quiten la corona y tomen la toalla del servicio humilde en su nombre. "[...]el que quiera hacerse grande entre vosotros será vuestro servidor."[10]

La toalla le parece un símbolo débil y sin vida a una iglesia enamorada de oradores vibrantes y de dones ostentosos; pero *la toalla usada adecuadamente edifica su reino más rápidamente que la espada esgrimida inadecuadamente.* Entendámoslo correctamente.

Por demasiado tiempo hemos usado el arma correcta en la esfera equivocada. El filo cortante de la espada es para el diablo y para los obstáculos que él pone para bloquear nuestro camino. Ahora es la estación de la cosecha, cuando el Maestro necesita a sus siervos en los campos de trigo. Reserve su espada para las batallas espirituales y mire los campos. Es hora de que usted tome la toalla y recoja la cosecha.

Notas
1. Santiago 2:20.
2. Hebreos 12:1-3.
3. Salmo 46:10 (cursivas del autor).
4. Véase Juan 21:2,3.
5. Juan 21:5,6,9,10,12 (cursivas del autor).
6. Véase Lucas 10:34.
7. Lucas 10:35.
8. Apocalipsis 19:10.
9. Véase Filipenses 2:7.
10. Mateo 20:26.